선지자와 왕

가스펠 프로젝트

구약 5
선지자와 왕

고학년 교사용

지은이 · LifeWay Kids
옮긴이 · 권혜신
감수 · 김도일, 김병훈, 이희성

초판 발행 · 2017. 11. 7
2판 1쇄 발행 · 2024. 12. 20
등록번호 · 제1988-000080호
등록된 곳 · 서울특별시 용산구 서빙고로65길 38
발행처 · 사단법인 두란노서원
영업부 · 02) 2078-3352, 3452, 3752, 3781 FAX 080-749-3705
편집부 · 02) 2078-3437
표지디자인 · 더그램
활동연구 · 김찬숙, 이경선, 이다솔, 한승우, 홍선아

책값은 뒤표지에 있습니다.
ISBN 978-89-531-4563-4 04230 / 978-89-531-4545-0 (세트)

홈페이지 · gospelproject.co.kr / **두란노몰** · mall.duranno.com

차례

이렇게 활용해 보세요!

① 단원 개요 · 각 과의 목표

- '가스펠 프로젝트'(하나님의 구원 계획)의 연대기적 큰 흐름 속에서 각 단원과 각 과의 주제를 살펴봅니다.

DVD **카운트다운** 단원별로 제공되는 3분 카운트다운 영상(지도자용 팩)으로, 장소를 옮기거나 시간을 구분 짓는 방법으로 활용할 수 있습니다.

DVD **무대 배경** 단원별 설교의 도입(들어가기)에서 공통적으로 활용할 수 있는 무대 데코 아이디어로, 배경 이미지(지도자용 팩)를 화면에 띄워 사용할 수 있습니다.

단원 암송 단원의 핵심 메시지가 담긴 성경 구절입니다.

성경의 초점 본문과 관련된 성경의 중심 주제(핵심 교리)를 문답의 형식으로 정리한 문장입니다. 단원의 성경의 초점을 익히며 성경의 흐름을 이해하게 합니다.

주제 각 과의 핵심 줄거리를 파악할 수 있습니다.

가스펠 링크 성경 이야기에 담긴 복음을 발견하게 합니다. 모든 성경 이야기는 그리스도와 연결됩니다.

본문 속으로 이 과를 준비하며 묵상할 내용과 티칭 포인트를 제시합니다. 청장년용 《가스펠 프로젝트》로 교사 소그룹 모임에서 더 깊은 묵상을 나누며 성경 읽기를 병행할 것을 권유합니다. 부모 소그룹 모임은 교회와 가정을 연계해 교육 효과를 더욱 높여 줄 것입니다.

교사 지도 가이드 영상 교사들이 각 과의 내용과 아이들에게 전달해야 할 핵심을 쉽게 파악할 수 있도록 짧은 예시와 함께 개요를 소개하고 교사를 독려합니다. 홈페이지(gospelproject.co.kr)에서 무료로 활용할 수 있습니다.

말씀 묵상 ②

- 말씀을 묵상하며 어떻게 가르칠 것인가를 기도로 준비합니다.

DVD **이야기 성경** '가스펠 설교'에서 사용하는 구어체 설교입니다. 같은 내용의 영상이 지도자용 팩에 있습니다.

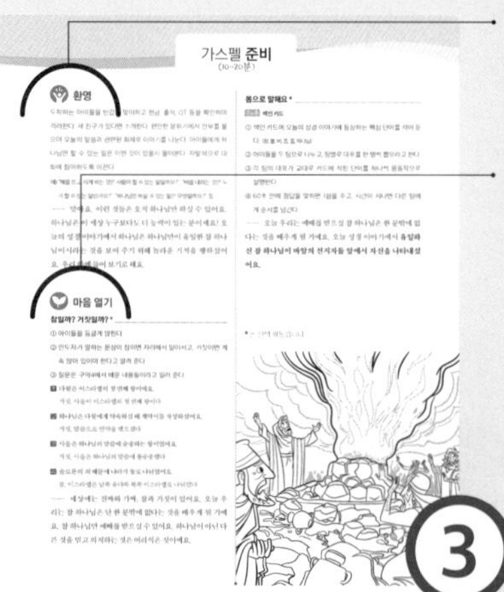

환영 아이들을 맞이하며 나눌 수 있는 대화의 소재를 제안합니다.

마음 열기 이 과의 주제와 연결된 간단한 게임 활동을 소개합니다.

③ 가스펠 준비

- 사전 활동을 살펴봅니다.

가스펠 설교

- **도입 - 전개 - 가스펠 링크 - 복음 초청 - 적용**에 이르는 설교 가이드입니다.

들어가기 도입 아이디어를 소개합니다.

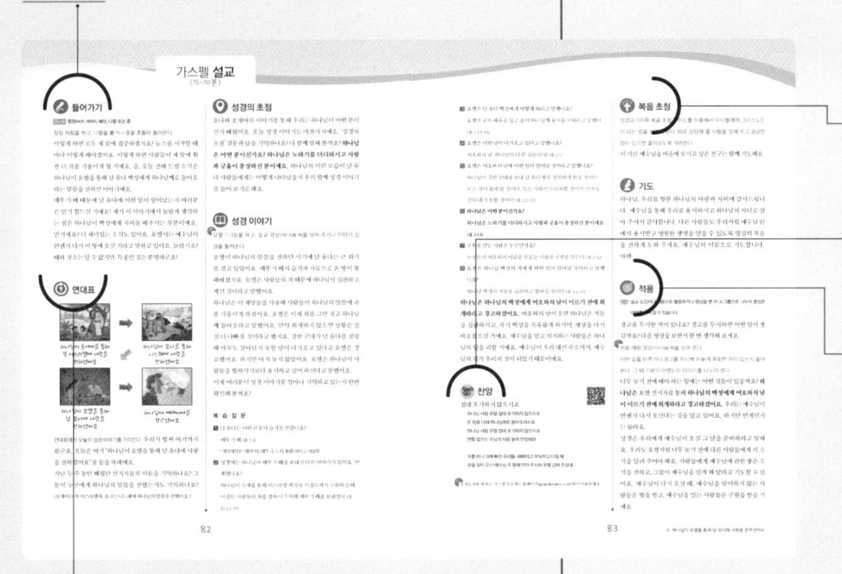

복음 초청 매주 복음을 전하고 영접 기도를 이끌 수 있는 초청 대화를 담았습니다.

찬양 단원 주제를 담은 찬양, 악보, 율동을 지도자용 팩, 가스펠 프로젝트 홈페이지에서 만날 수 있습니다.

적용 에피소드를 담은 영상과 질문이 담겨 있습니다. 설교 도입이나 적용 부분에서 활용하거나 영상을 본 뒤 소그룹에서 풍성한 대화를 이어 가는 방법도 추천합니다.

연대표 가스펠 프로젝트(하나님의 구원 계획)의 큰 흐름 속에서 각 과의 위치를 파악해 봅니다.

가스펠 소그룹

- 예배 후 소그룹 모임에서 배운 내용을 되새길 수 있는 다양한 활동을 소개합니다.

보물 상자 성경의 메시지와 내 삶을 연결해 보고, 하나님과 일대일 대화를 나누듯 마음을 고백하는 마무리 활동입니다.

나침반 재미있는 게임 활동으로 단원 암송을 익히게 합니다. 부록의 단원 암송 자료와 지도자용 팩의 파일을 활용할 수 있습니다.

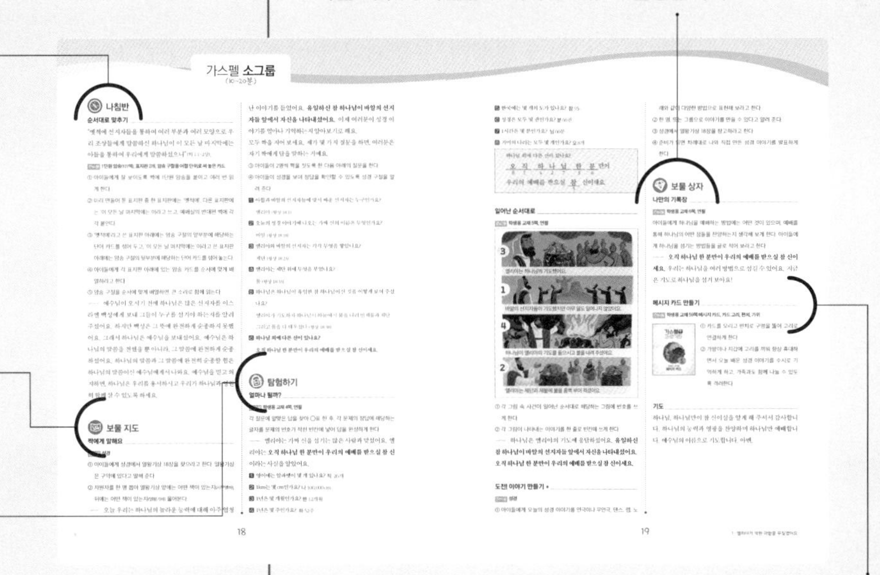

보물 지도 퀴즈와 게임을 통해 성경 이야기를 복습하는 활동입니다.

탐험하기 성경 이야기의 의미를 묵상하며 주제, 가스펠 링크, 성경의 초점 등을 되새기는 확장 활동입니다.

메시지 카드 각 과의 핵심 내용과 가족과 함께하는 활동을 담았습니다.

* 지도자용 팩의 PC 전용 DVD-Rom에 영상, 그림, 음원, 악보, PPT 등의 자료가 있습니다.

- 2017년 3월 28일에 고시된 「외래어 표기법」 일부 개정안에 따라 외래어 뒤에 쓰인 산, 강, 왕 등의 일반 명사는 붙여 쓰는 것으로 표기하였습니다.

발간사

두란노서원을 통해 라이프웨이(LifeWay)의《가스펠 프로젝트》성경 공부 교재 시리즈를 발간할 수 있도록 인도하신 하나님께 감사드립니다. 험한 소리로 가득한 세상에 이 책을 다릿돌처럼 놓습니다. 우리 삶은 말씀을 만난 소리로 풍성해져야 합니다. 주님을 만난 기쁨의 소리, 진실 앞에서 탄식하는 소리, 죄를 씻는 울음소리, 소망을 품은 기도 소리로 가득해야 합니다.

《가스펠 프로젝트》는 신구약을 관통하는 예수 그리스도의 복음을 발견하고, 그 가르침을 삶에 적용하는 지혜를 얻도록 기획한 성경 공부 교재입니다. 어린아이부터 어른에 이르기까지 생애 주기에 따른 복음 메시지를 잘 배울 수 있습니다. 또한, 거짓 진리가 미혹하는 이 시대에 건강한 신학과 바른 교리로 말씀을 조명하여 성도의 신앙이 좌로나 우로나 치우치지 않도록 돕습니다.

두란노서원은 지금까지 "오직 성경, 복음 중심, 초교파적 관점"을 바탕으로 한국 교회와 성도를 꾸준히 섬겨 왔습니다. 오직 성경의 정신에 입각해 책과 잡지를 출판해 왔으며, 성경에 근거한 복음 중심의 신학을 포기한 적이 없습니다. 그리고 교단과 교파를 초월하여 교회와 성도가 하나님 나라를 바라볼 수 있도록 돕기 위해 노력해 왔습니다.《가스펠 프로젝트》는 두란노가 지켜 온 세 가지 가치를 충실하게 담은 책입니다.

성경은 구원을 위한 책이며, 구원사의 주인공은 예수 그리스도입니다. 창세기부터 요한계시록까지 오직 예수 그리스도의 복음만을 전하는《가스펠 프로젝트》성경 공부 교재를 통해 복음의 은혜와 진리를 깊이 경험하고, 복음 중심의 삶이 마음 판에 새겨지기를 바랍니다. 그리고 예수 그리스도 복음에 굳게 선 한 사람의 영향력이 가정과 교회와 사회에 흘러감으로써 거룩한 하나님 나라가 확산되어 가기를 소망합니다.

두란노서원 원장 이 형 기

감수사

《가스펠 프로젝트》는 어린이와 청소년 성경 공부를 위한 좋은 교재입니다. 그들이 이해할 수 있는 언어로 성경을 자세히 알 수 있도록 도와주고 있기 때문입니다. 어린이와 청소년의 발달심리에 익숙한 전문가들을 포함해 많은 사람이 참여해 애쓴 흔적이 보입니다.

《가스펠 프로젝트》는 인류를 향한 하나님의 구원 계획인 복음을 다음과 같은 과정으로 설명합니다. "첫째, 하나님은 다스리신다. 둘째, 우리는 죄를 범했다. 셋째, 그러나 하나님은 공급하신다. 넷째, 하나님의 아들 예수 그리스도께서는 우리에게 영생을 주시고 우리를 초청하신다. 다섯째, 우리는 예수님의 초청에 응답해야 한다." 이와 같이 《가스펠 프로젝트》는 복음을 주시는 하나님의 계획에 사람이 어떻게 반응해야 하는지를 간단하게, 그리고 핵심을 놓치지 않고 잘 설명합니다. 그러므로 《가스펠 프로젝트》에 참여하는 교사와 학생은 하나님의 주권과 언약, 신실하심과 사랑을 배우고 깊이 느낄 수 있을 것입니다. 성령의 인도하심에 순종하는 것이 얼마나 복된지 몸소 체험할 수 있을 것입니다.

그때, 그곳에서, 그들에게 주어졌던 하나님의 말씀을 지금, 여기에서, 우리에게 주어지는 하나님의 말씀으로 받아들이고 해석하려면 해석학적 간격(hermeneutical gap)이 존재한다는 점을 유념하고, 말씀을 적절하게 해석해 적용해야 합니다. 하나님의 말씀은 성령의 조명을 받아 학문이 없는 사람도 그 핵심적인 메시지를 이해할 수 있지만, 모든 성경을 자의적으로 해석하는 우를 범해서는 안 됩니다. 《가스펠 프로젝트》는 이러한 해석상의 오류를 최소한도로 줄여 줄 수 있다고 봅니다. 가능하면 말씀에 담긴 메시지를 전달하려고 노력했기 때문입니다. 이런 점에서 《가스펠 프로젝트》는 하나님의 마음을 더 깊이 이해하기 위한 기본적인 성경 지식을 제공해 주고, 말씀의 깊은 샘으로 들어가 맛있는 물을 마실 수 있도록 돕는 좋은 통로입니다.

《가스펠 프로젝트》로 성경을 공부하게 되면 성경 말씀을 사랑하게 될 것입니다. 어린이들과 청소년들도 '말씀이 참 재미있고 유익하구나' 라고 느끼게 될 것입니다. 레너드 스윗이 말한 것처럼, 미래 세대는 경험적, 참여적, 이미지 중심적, 연결적(EPIC) 사역을 통해 말씀 속으로 자발적으로 들어와야 거룩한 하나님의 백성이 될 수 있기 때문입니다.

모쪼록 《가스펠 프로젝트》를 통해 모든 세대가 하나님을 더 넓고 깊게 알아 가며, 성령의 도우심 가운데 예수님의 튼실한 제자로 성장하기를 원합니다. 아울러 세상 속에서 하나님 나라를 확장시켜 나가는 하나님의 백성이 되는 기초를 체계적으로 다질 수 있기를 바랍니다. 《가스펠 프로젝트》는 오직 믿음, 오직 성경, 오직 은혜, 오직 그리스도를 통해 하나님께 영광 돌리는 데 큰 도움이 될 것입니다.

김도일 _ 장로회신학대학교, 기독교교육학 교수

《가스펠 프로젝트》는 무엇보다도 전통적으로 교회가 풀어 온 흐름을 충실히 따라 성경을 해설하고 있습니다. 그리고 그 방향은 궁극적으로 예수 그리스도를 향해 나아가고 있습니다. 이것은 예수님이 구약과 신약의 모든 성경이 자신을 가리키고 있다고 하신 말씀에 비추어 매우 타당한 것입니다. 게다가 그리스도 중심적 해설을 무리하게 전개하지 않습니다. 각 본문에서 하나님의 구원 언약과 그것을 실현하시는 하나님을 드러내면서, 그리스도의 예표적 설명이 가능한 사건을 놓치지 않고 풀어내고 있습니다.

성경 공부 교재는 명시적으로 혹은 암시적으로 제시하

는 교리적 진술이 교리 체계상 건전해야 합니다. 《가스펠 프로젝트》는 99개 조에 이르는 핵심 교리들을 일목요연하게 제시하여 교리의 건전성을 확인할 수 있도록 도움을 줍니다. 《가스펠 프로젝트》의 교리는 교파를 막론하고, 예수 그리스도의 복음에 충실한 복음주의 교회들에게 환영받을 만합니다. 물론 교파마다 약간의 이견을 갖는 부분들이 있을 수 있겠지만, 각 교회에서 교재를 활용하는 데에 무리가 없을 것입니다. 《가스펠 프로젝트》의 특징은 각 과에서 학습한 내용을 핵심 교리와 연결해 주며, 그 결과 그리스도의 복음에 관련한 교리적 이해를 강화시킨다는 데에 있습니다.

끝으로 《가스펠 프로젝트》는 어떤 성경 주해서나 교리 학습서가 갖지 못하는 훌륭한 장점을 가지고 있습니다. 그것은 학습자를 하나님과 그리스도의 복음 앞으로 이끌며, 자신의 신앙과 삶을 돌아보도록 하는 적용의 적실성과 훈련의 효과입니다. 아울러 본문과 관련한 교회사적으로 또 주석적으로 중요한 신학자와 목사의 어록을 제시하고, 심화 토론을 위한 질문을 달아 주고, 선교적 안목을 열어 주는 적용 질문들을 더해 준 것은 《가스펠 프로젝트》에서 얻을 수 있는 커다란 유익입니다.

추천할 만한 마땅한 성경 공부 교재를 찾기가 쉽지 않은 현실에서 《가스펠 프로젝트》는 성경을 개괄적으로 매주 한 과씩 3년의 기간 동안 일목요연하게, 그리고 그리스도 중심적으로 공부하도록 이끌어 준다는 점에서, 한국 교회의 기초를 성경 위에 놓는 일에 커다란 공헌을 할 것으로 믿어 의심치 않습니다.

김병훈 _ 합동신학대학원대학교 조직신학 교수

"보라 날이 이를지라 내가 기근을 땅에 보내리니 양식이 없어 주림이 아니며 물이 없어 갈함이 아니요 여호와의 말씀을 듣지 못한 기갈이라"(암 8:11). 주전 8세기 아모스 선지자의 외침이 오늘 이 시대에 다시 메아리쳐 오고 있습니다. 두란노의 《가스펠 프로젝트》는 성도들이 겪고 있는 영적인 갈증과 혼란을 해소해 줄 수 있는 유익한 성경 공부 교재입니다.

첫째, 《가스펠 프로젝트》는 성경 전체 흐름과 문맥에 따라 구성되어 성경의 큰 그림을 볼 수 있도록 도와줍니다. 또 성경 각 본문의 의미를 깊이 이해할 수 있도록 해당 분야의 전문 성경 신학자들의 주석적 견해를 잘 소개하고 있습니다. 둘째, 본문 연구와 함께 관련 핵심 교리들을 적절하게 소개하여 성경과 교리를 연결할 수 있습니다. 또 모든 과에서 그리스도와의 연결점을 찾아 제시함으로써 구약 본문을 통해서도 복음을 깨달을 수 있습니다. 성경 공부 전 과정을 마치면 성도들이 복음에 대한 견고한 믿음을 가지게 될 것입니다. 셋째, 성경 공부 적용의 초점을 선교에 맞추어 성도들이 삶의 현장에서 복음의 증인으로서의 사명을 감당할 수 있게 도와줍니다. 마지막으로 주일학교에서 장년에 이르기까지 동일한 주제와 본문으로 성경을 공부하도록 구성하였기 때문에 모든 교인이 한 말씀 안에서 한 믿음의 공동체를 이루며 성숙해 가는 영적 부흥을 경험하게 될 것입니다.

두란노의 《가스펠 프로젝트》를 통해 말씀이 갈급한 기근의 시대에 영적 해갈의 기쁨을 경험하시기 바랍니다.

이희성 _ 총신대학교 신학대학원 구약학 교수

추천사

우리를 향한 하나님의 멈추지 않는 사랑, 아들을 내어 주신 아버지 하나님의 놀라운 구원 계획에 눈뜨게 하는 교재입니다. 성경을 꿰뚫는 변함없는 메시지, 예수 그리스도를 만날 수 있는 교재입니다. 유익한 활동과 흥미로운 반복 학습을 통해 기독교 핵심 주제를 접하고, 말씀을 가까이하며, 가족과 묵상을 나누도록 이끄는 방식에 기대가 큽니다. 다양한 소재의 영상과 그림 자료는 시청각 자료가 부족한 교육 현장에 큰 활력을 불어넣어 줄 것입니다. 교재 내용에 맞게 창작된 찬양은 곡조가 있는 산 기도를 체험하게 도와줄 것입니다. 무미건조한 습관적 예배, 아이들과 소통하지 못해 안타까워했던 부모와 교사, 다음 세대를 걱정하는 교회 지도자들에게 이 교재를 추천합니다.

김요셉 _ 중앙기독학교 교목, 원천침례교회 목사

우리 시대의 전 세계적 교회 부흥은 두 가지 샘을 갖고 있습니다. 한 샘은 오순절 부흥 운동의 샘입니다. 이 샘으로 많은 시대의 목마른 영혼들이 목마름을 해갈했습니다. 또 하나의 샘은 성경 연구의 샘입니다. 남침례교 주일학교 운동은 이 샘의 개척자입니다. 이 샘으로 지금도 많은 성도가 목마름을 해갈하고 있습니다. 미국 남침례교 라이프웨이 출판사는 성경 연구를 돕는 사역을 충실히 감당해 왔습니다. 《가스펠 프로젝트》는 목마른 영혼들의 필요를 공급하는 원천이 될 것입니다. 《가스펠 프로젝트》는 쉬우면서도 결코 피상적이지 않습니다. 믿음의 단계를 따라 하나님의 자녀들에게 꼭 필요한 복음의 진수를 맛보게 해 줄 것입니다.

이동원 _ 지구촌교회 원로 목사, 지구촌 미니스트리 네트워크 대표

성경을 공부한다는 것은 성경에 기록된 사실을 배우는 것이 아니라 성경이 가르치는 교리를 배우는 것입니다. 왜냐하면 성경은 독자에게 어떤 새로운 정보를 주기 위해 인간이 쓴 책이 아니라 죄인인 인간에게 구원을 주기 위해 하나님이 쓰신 말씀이기 때문입니다. 그런데 이 구원의 도리인 교리를 성경 본문을 통해 배우기가 쉽지 않기 때문에 좋은 안내서가 필요합니다. 이번에 출간된 《가스펠 프로젝트》는 이와 같은 역할을 탁월하게 수행하고 있기 때문에 기쁜 마음으로 추천합니다.

이성호 _ 고려신학대학원 역사신학 교수

성경은 예수 그리스도를 중심으로 하는 하나님의 구원 이야기입니다. 《가스펠 프로젝트》는 성경이 어떻게 그리스도와 연결되어 있는지, 또 성도의 삶이 하나님의 구원 계획에 어떻게 연결되어야 하는지를 구체적으로 제시합니다. 특히 《가스펠 프로젝트》는 하나의 본문으로 각 연령에 맞게 구성한 교재를 제공해 하나의 본문으로 전 세대를 연결하고, 가정과 교회를 하나 되게 합니다. 신앙의 전수가 중요한 시대에 성도와 교회와 가정이 한마음으로 다음 세대를 준비시키기에 적합합니다. 특히 가정에서 부모가 자녀와 말씀으로 대화를 나눌 수 있게 해 자녀의 신앙 교육에 도움이 될 것입니다.

이재훈 _ 온누리교회 담임 목사

예수님은 친히 요한복음 5장 39절에서, 모든 성경은 예수님 자신에 대한 증거라고 말씀하셨습니다. 그럼에도 불구하고, 성도들은 그 속에서 예수님이라는 보석을 쉽게 찾아 내지 못하고 있습니다. 《가스펠 프로젝트》는 신앙생활을 출발하는 어린이부터 장년까지 이런 눈을 활짝 열어 주는 놀라운 교재입니다. 요람에서부터 무덤까지 각 연령대에 맞게 구성된 《가스펠 프로젝트》 성경 공부 교재를 통해, 한국 교회와 이민 교회가 잃어버린 예수님을 다시 발견함으로 견고하게 되기를 바랍니다.

최병락 _ 강남중앙침례교회 담임 목사

1 단원 계시하시는 하나님

북 이스라엘과 남 유다는 악한 왕들의 통치를 받으며 끊임없이 하나님께 불순종했습니다. 하나님은 선지자 엘리야와 이사야를 보내 하나님의 능력과 사랑, 신실하심을 자기 백성에게 드러내셨습니다. 하나님은 구원자 예수님을 보내 그들의 죄를 없애시겠다는 계획도 알리셨습니다.

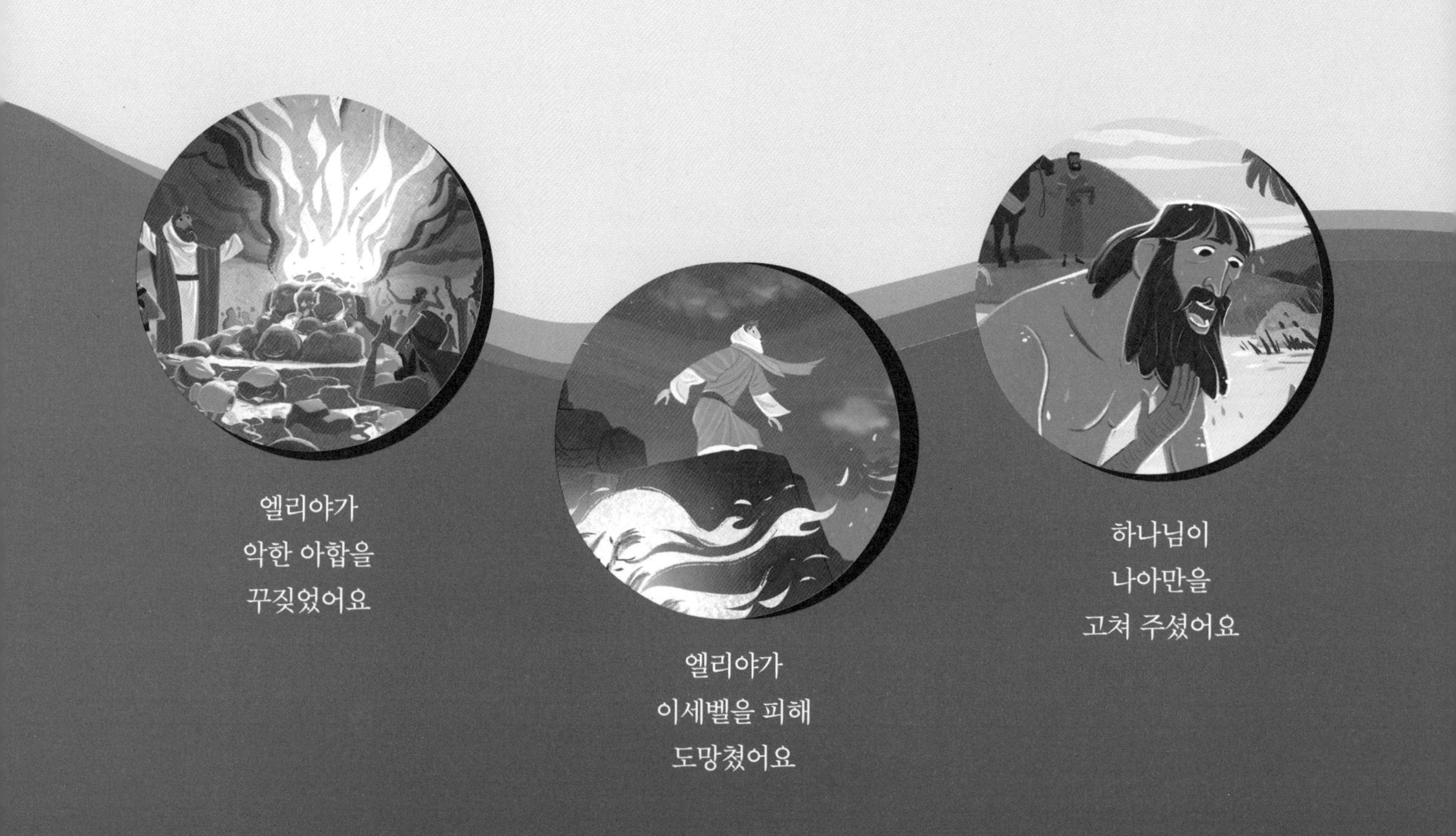

엘리야가
악한 아합을
꾸짖었어요

엘리야가
이세벨을 피해
도망쳤어요

하나님이
나아만을
고쳐 주셨어요

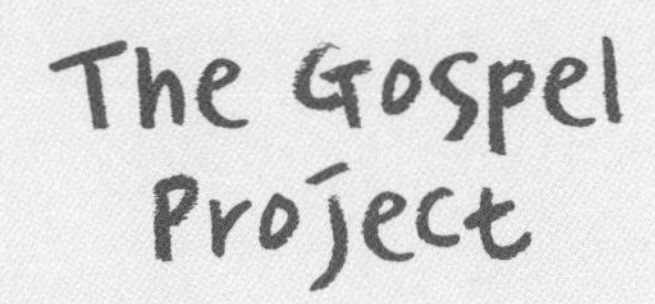

하나님이
이사야를
부르셨어요

이사야가
메시아에 대해
외쳤어요

히스기야는
남 유다의 신실한
왕이었어요

카운트다운 – 플라스마 볼

카운트다운 영상(지도자용 팩)을 틀고 예배 준비 자세를 취하도록 격려한다. 예배가 시작되는 시간에 영상이 끝나도록 맞추어 놓는다. 영상이 끝나기 30초 전에 예배 인도자는 정해진 위치에 서서 조용히 기도하는 모범을 보인다.

무대 배경 – 과학 실험실

과학 실험실처럼 장식하고 여러 색깔의 액체가 담긴 유리 병, 비커, 플라스크 등의 실험 기구를 진열한다. 오래된 컴퓨터 화면에 그래프를 띄운다. 신발 상자와 두루마리 휴지의 속대를 이용해 현미경을 만들어 놓아도 좋다. 화면에 과학 실험실 배경 이미지(지도자용 팩)를 띄운다.

1

엘리야가 악한 아합을 꾸짖었어요

왕상 18장

단원 암송

옛적에 선지자들을 통하여 여러 부분과 여러 모양으로 우리 조상들에게 말씀하신 하나님이 이 모든 날 마지막에는 아들을 통하여 우리에게 말씀하셨으니(히 1:1~2상).

성경의 초점

하나님 외에 다른 신이 있나요?
오직 하나님 한 분만이 우리의 예배를 받으실 참 신이세요.

본문 속으로

아합은 악한 왕이었습니다. 그는 "그 이전의 이스라엘의 모든 왕보다 심히 이스라엘 하나님 여호와를 노하시게" 했습니다(왕상 16:33 참조). 아합의 행동은 악했습니다. 하나님은 하나님의 백성이 신실하기를 바라셨지만, 아합은 그들을 하나님에게서 더 멀어지게 만들었습니다.

하나님은 엘리야를 보내 아합 앞에 세우셨습니다. 열왕기상 17장을 보면, 엘리야는 아합에게 가뭄이 있을 것이라고 경고했습니다. 그 땅에 3년간 비가 내리지 않도록 하나님이 막으신 것입니다. 비와 풍요의 신으로 알려진 가나안의 가짜 신 바알을 섬기던 아합에게 가뭄은 누가 참 하나님인가를 보여 주는 강력한 메시지였습니다.

하나님은 땅에 비를 내릴 준비를 하셨고, 엘리야는 다시 아합을 찾아갔습니다. 그는 아합에게 이스라엘 백성과 바알의 선지자들을 갈멜산에 모으라고 말했습니다. 모두 모이자 엘리야는 백성에게 하나님을 따를지, 바알을 따를지 한 가지를 선택하라고 요구했습니다. 둘 다 따를 수는 없기 때문입니다.

엘리야는 바알의 선지자들에게 누가 유일한 참 하나님인지 증명해 보자고 도전했습니다. 그들은 각자의 제단 위에 소를 한 마리씩 준비한 다음, 자신들의 신에게 하늘에서 불을 내려 달라고 기도하기로 했습니다. 먼저 바알의 선지자들이 바알의 이름을 부르며 큰 소리를 질렀습니다. 심지어 칼로 자기 몸까지 베었지만 바알에게서는 아무런 대답도 없었습니다.

엘리야는 제단과 그 주위가 흥건해지도록 물을 부었습니다. 그리고 하나님께 기도했습니다. 하나님은 하늘에서 불을 보내셨습니다. 번제물과 제단과 그 주변의 모든 것이 타 버렸습니다. 바알의 선지자들은 엘리야의 하나님이 유일한 참 하나님이시라는 사실을 인정하지 않을 수 없었습니다. 마침내 하나님은 큰비를 내려 오랜 가뭄을 끝내셨습니다.

●● 티칭 포인트

가짜 신 바알은 아무 능력이 없습니다. 아이들을 가르칠 때 우리 하나님만이 유일한 참 하나님이시며, 하나님의 백성을 돕고 구원할 능력을 가지고 계신 분이라는 사실을 강조하십시오. 하나님의 구원은 오직 하나님의 아들이신 예수님을 통해서 옵니다.

주 제

유일하신 참 하나님이 바알의 선지자들 앞에서 자신을 나타내셨어요.

가스펠 링크

하나님의 아들이신 예수님은 예수님을 믿고 의지하는 사람들을 죄에서 구원하기 위해 피 흘리고 죽으셨어요.

엘리야가 악한 아합을 꾸짖었어요 왕상 18장

북 이스라엘의 아합은 나쁜 왕이었어요. 그는 이스라엘 백성이 하나님을 멀리 떠나 바알이라는 가짜 신을 섬기게 했어요. 아합의 악한 행동 때문에 하나님은 북 이스라엘 땅에 가뭄이 들게 하셨어요.

북 이스라엘 백성은 가뭄 때문에 살아가기가 몹시 힘들었어요. 3년 동안이나 비가 오지 않았지요. 호수와 강이 다 말라서 논밭에서 곡식을 키울 수도 없었어요.

하나님은 아합에게 엘리야라는 선지자를 보내셨어요. 엘리야는 이스라엘이 겪고 있는 이 고통이 하나님께 불순종하고 가짜 신을 섬긴 아합 때문이라고 말해 주었어요. 그러고는 아합과 북 이스라엘 백성, 그리고 바알을 섬기는 선지자들을 갈멜산으로 불러 모았어요.

엘리야가 백성에게 말했어요. "이제 마음을 정하시오! 참 하나님이 여호와라고 믿으면 여호와를 따르고, 바알이라고 믿으면 바알을 따르시오!"

엘리야는 바알의 선지자들에게 누가 참 하나님인지 한번 증명해 보자고 했어요. "바알에게 기도하여 제단 위에 불을 내려 달라고 하시오. 나는 여호와께 기도하겠소. 불로 응답하는 신이 진짜 하나님이오."

바알의 선지자들은 그들이 섬기는 가짜 신을 위해 제단을 쌓았고, 황소를 준비해 제단 위에 놓았어요. 그들은 아침부터 저녁까지 바알에게 기도했지만 아무런 응답이 없었어요. 그들은 춤을 추고, 소리를 지르며, 심지어 칼과 창으로 자기 몸을 찔러 상처를 내기도 했어요. 그런데도 바알에게서는 아무런 응답이 없었답니다.

이제 사람들이 엘리야의 곁으로 모여들었어요. 엘리야는 제단 주변에 도랑을 파고, 제단 위에 장작을 놓은 뒤 준비한 황소를 올렸어요. 그런 다음 항아리 4개에 물을 가득 담아 나무 위에 부었어요. 그러고는 항아리 4개만큼의 물을 두 번 더 부었어요. 모든 것이 흠뻑 젖도록 말이지요. 물은 제단에서 흘러내려 도랑을 가득 채웠어요.

엘리야가 하나님께 기도했어요. "하나님, 제게 응답해 주십시오! 주는 여호와 하나님이시며, 그들의 마음을 돌이키게 하시는 분임을 이 백성이 알게 해 주십시오!"

하나님이 하늘에서 불을 보내셨어요. 불은 황소와 장작과 심지어 돌과 흙까지 모두 태워 버렸어요! 도랑의 물도 모두 바싹 말랐지요. 이제 여호와 하나님이 참 하나님이시라는 사실을 아무도 의심할 수 없었어요.

사람들은 얼굴을 땅에 대고 엎드려 말했어요. "여호와, 그분이 하나님이십니다! 여호와, 그분이 하나님이십니다!" 엘리야는 바알을 섬기던 선지자들을 모두 죽였어요.

얼마 후, 구름이 하늘을 덮어 어두워졌어요. 마침내 하나님이 북 이스라엘 땅에 큰비를 내리셨어요. 하나님은 자신이 참 하나님이신 것을 분명하게 보여 주셨어요.

●● 가스펠 링크

가짜 신 바알을 섬기던 사람들은 자기들이 바알을 사랑한다는 것을 보여 주기 위해 춤을 추고 소리를 지르며 칼로 몸에 상처를 내기도 했어요. 하지만 하나님은 그런 가짜 신들과는 달라요. 하나님은 우리를 향한 사랑을 나타내시기 위해 하나님의 아들 예수님을 보내셨어요. 예수님은 예수님을 믿고 의지하는 사람들을 죄에서 구원하기 위해 피 흘리고 죽으셨어요.

가스펠 준비
(10~20분)

환영

도착하는 아이들을 반갑게 맞이하고 헌금, 출석, QT 등을 확인하며 격려한다. 새 친구가 있다면 소개한다. 편안한 분위기에서 안부를 물으며 오늘의 말씀과 관련된 화제로 이야기를 나눈다. 아이들에게 하나님만 할 수 있는 일은 어떤 것이 있을지 물어본다. 자발적으로 대화에 참여하도록 이끈다.

예) "해를 뜨고 지게 하는 것은 사람이 할 수 있는 일일까요?", "비를 내리는 것은 누가 할 수 있는 일인가요?", "하나님만 하실 수 있는 일은 무엇일까요?" 등.

— 맞아요. 이런 것들은 오직 하나님만 하실 수 있어요. 하나님은 이 세상 누구보다도 더 능력이 있는 분이세요! 오늘의 성경 이야기에서 하나님은 하나님만이 유일한 참 하나님이시라는 것을 보여 주기 위해 놀라운 기적을 행하셨어요. 우리 함께 들어 보기로 해요.

마음 열기

참일까? 거짓일까? *

① 아이들을 둥글게 앉힌다.

② 인도자가 말하는 문장이 참이면 자리에서 일어서고, 거짓이면 계속 앉아 있어야 한다고 알려 준다.

③ 문장은 구약4에서 배운 내용들이라고 일러 준다.

1 다윗은 이스라엘의 첫 번째 왕이에요.

거짓, 사울이 이스라엘의 첫 번째 왕이다

2 하나님은 다윗에게 약속하실 때 계약서를 작성하셨어요.

거짓, 말씀으로 언약을 맺으셨다

3 사울은 하나님의 말씀에 순종하는 왕이었어요.

거짓, 사울은 하나님의 말씀에 불순종했다

4 솔로몬의 죄 때문에 나라가 둘로 나뉘었어요.

참, 이스라엘은 남쪽 유다와 북쪽 이스라엘로 나뉘었다

— 세상에는 진짜와 가짜, 참과 거짓이 있어요. 오늘 우리는 참 하나님은 단 한 분밖에 없다는 것을 배우게 될 거예요. 참 하나님만 예배를 받으실 수 있어요. 하나님이 아닌 다른 것을 믿고 의지하는 것은 어리석은 짓이에요.

몸으로 말해요 *

준비물 색인 카드

① 색인 카드에 오늘의 성경 이야기에 등장하는 핵심 단어를 적어 둔다. (왕, 불, 비, 춤, 물, 하나님)

② 아이들을 두 팀으로 나누고, 팀별로 대표를 한 명씩 뽑으라고 한다.

③ 각 팀의 대표가 교대로 카드에 적힌 단어를 하나씩 몸동작으로 설명한다.

④ 60초 안에 정답을 맞히면 1점을 주고, 시간이 지나면 다른 팀에게 순서를 넘긴다.

— 오늘 우리는 예배를 받으실 참 하나님은 한 분밖에 없다는 것을 배우게 될 거예요. 오늘 성경 이야기에서 **유일하신 참 하나님이 바알의 선지자들 앞에서 자신을 나타내셨어요.**

*는 선택 활동입니다.

들어가기

준비물 흰색 실험 가운, 클립보드, 연필

실험 가운을 입고 클립보드와 연필을 들고 등장한다.

안녕하세요, 여러분! 제 이름은 ○○○ 이에요. 오늘 여러분을 만나게 되어 정말 기뻐요. 저는 무슨 일을 하는 사람처럼 보이나요? 아이들의 대답을 기다린다. 맞아요! 전 과학자예요! 과학자들은 이 세상을 연구해요. 질문을 던지고, 관찰하고, 예측한 다음, 증거를 찾고, 실험해서 결론을 내리지요. 저는 제가 가지고 있는 과학 기술로 하나님이 창조하신 것들에 대해 정말 많은 것들을 알아낼 수 있어요. 하나님이 창조하신 세상은 정말 거대하고 놀라워서 연구할 것들이 너무너무 많아요! 저는 세상에 대해 알아갈수록 하나님의 창조물들에서 하나님의 손자국을 점점 더 많이 발견하게 되어요. 모든 창조물은 이 세상에 참 하나님이 오직 한 분밖에 없다는 사실을 알려 준답니다!

하나님이 만드신 세상을 연구하는 것은 하나님에 대해 배울 수 있는 좋은 방법이에요. 그밖에도 하나님에 대해 배울 수 있는 방법에는 어떤 것이 있을까요? 아이들의 대답을 기다린다. 맞아요! 하나님의 말씀인 성경을 공부하면 되지요! 성경은 하나님이 우리에게 하시는 말씀이에요. 하나님은 성경을 통해 하나님의 백성에게 자신을 나타내세요. 성경을 통해 우리는 하나님이 어떤 분이신지, 우리를 얼마나 사랑하시는지, 그리고 예수님을 통해 우리를 어떻게 구원하시는지를 알 수 있어요.

이제 우리는 몇 주 동안 과학 기술을 사용해서 성경을 살펴볼 거예요. 그래서 성경에 있는 하나님에 대한 증거들을 찾아낼 거예요. 정말 재미있겠지요?

연대표

DVD '어린이를 위한 가스펠 프로젝트_하나님의 구원 계획' 영상(지도자용 팩)을 보여 주고 오늘의 성경 이야기도 하나님의 거대한 구원 계획의 한 부분에 속하는 이야기임을 상기시킨다.

우리가 처음 배울 성경 이야기는 열왕기상에 나와요. 이 책에는 북 이스라엘과 남 유다의 여러 왕에 관한 이야기가 소개되어 있어요. 우리는 엘리야 선지자에 대해서도 배울 거예요. 선지자란 하나님의 말씀을 듣고 그 말씀을 백성에게 전해주는 사람이에요. 선지자들은 하나님과 특별한 관계에 있었고, 책임도 아주 막중했답니다!

성경의 초점

오늘의 성경 이야기를 듣기 전에 과학자에게는 중요한 임무가 있다는 것을 기억해야 해요. 바로 질문을 던지는 것이지요. 좋은 질문이 있어야 좋은 과학적 탐구가 나오는 법이니까요. 성경 이야기를 듣는 동안 다음 질문을 잘 기억하세요.
"하나님 외에 다른 신이 있나요?"

성경 이야기

DVD 열왕기상 18장을 펴고, 설교 영상(지도자용 팩)을 보여 주거나 이야기 성경을 들려준다.

우와, 정말 흥미진진한 이야기군요! 성경 이야기를 듣고 나니 우리가 앞에서 말했던 '성경의 초점' 질문에 대답 할 수 있을 것 같아요. **하나님 외에 다른 신이 있나요?** 아이들의 대답을 기다린다. 맞아요. **오직 하나님 한 분만이 우리의 예배를 받으실 참 신이세요.** 하나님은 엘리야의 기도에 응답하셨고, 하나님의 능력을 보여 주셨어요. 그래서 아합과 바알의 선지자들, 그리고 이스라엘 백성이 오직 하나님이 진짜 하나님이신 것을 알게 하셨지요. 바알의 선지자들이 얼마나 소리를 크게 지르는지는 중요하지 않았어요. 어차피 바알은 응답할 수 없었어요. 가짜 신이었으니까요. 바알은 아무 힘이 없었어요. 오직 하나님만 제단과 황소, 돌멩이, 심지어 물까지 다 태워버릴 능력을 가지고 계셨어요! **유일하신 참 하나님이 바알의 선지자들 앞에서 자신을 나타내셨어요.**

가짜 신 바알을 섬기던 제사장들은 춤을 추고 소리를 지르며 칼과 창으로 자기 몸을 찔러 상하게 했어요. 자기들이 바알을 사랑한다는 것을 그런 방식으로 표현한 것이지요. 하지만 유일하신 참 하나님은 그런 가짜 신과 달라요. 하나님은 오히려 자기 아들 예수님을 이 땅에 보내셔서 우리를 향한 하나님의 사랑을 보여 주셨어요. 하나님의 아들이신 예수님은 그분을 믿고 의지하는 사람들을 죄에서 구원하기 위해 피 흘리고 죽으셨어요.

복/습/질/문

1 아합이 다스리던 북 이스라엘에는 어떤 일이 있었나요?
3년 동안 비가 오지 않았다 (왕상 18:1)

2 아합은 무슨 죄를 지었나요?
여호와의 명령을 버리고 바알을 섬겼다 (왕상 18:18)

3 엘리야와 바알의 선지자는 각각 무엇을 쌓았나요?
제단 (왕상 18:26, 32)

4 엘리야는 제단의 나무 위에 무엇을 부었나요?
물 (왕상 18:33)

5 하나님은 하나님이 유일한 참 하나님이신 것을 어떻게 보여 주셨나요?
엘리야가 기도하자 하나님이 하늘에서 불을 내려 번제물과 제단, 그리고 물을 다 태우셨다 (왕상 18:38)

6 하나님 외에 다른 신이 있나요?
오직 하나님 한 분만이 우리의 예배를 받으실 참 신이세요.

복음 초청

성경과 105쪽 복음 초청 가이드를 이용해서 아이들에게 그리스도인이 되는 법을 설명해 준다. 따로 상담해 줄 사람을 정해 주고 궁금한 점이 있으면 물어보도록 격려한다.

이 시간 예수님을 마음에 모시고 싶은 친구는 함께 기도해요.

기도

하나님, 하나님의 말씀을 통해 우리에게 하나님을 드러내시니 감사합니다. 성경에서 오직 하나님 한 분만이 참 신이시라는 증거들을 찾아내는 일이 참 재미있어요. 오직 하나님만 예배하길 원합니다. 하나님만이 우리의 예배를 받으실 분이세요! 예수님을 보내 우리의 구원자와 왕이 되게 하셔서 감사합니다. 우리의 찬양과 감사를 받아 주세요. 예수님의 이름으로 기도합니다. 아멘.

적용

TIP 설교 도입이나 적용으로 활용하거나 영상을 본 뒤 소그룹으로 나누어 풍성한 대화를 이어 갈 수 있습니다.

누군가에게 그 사람을 사랑한다는 것을 표현하기 위해 어떤 일을 해본 적이 있나요? 그런 기억을 떠올리며 다음 영상을 함께 보기로 해요.

DVD 적용 예화 영상(지도자용 팩)을 보여 준다.

테디가 엄마를 위해 무엇을 만들었는지 이야기해 본다.

테디의 엄마는 이 케이크를 보고 테디가 엄마를 얼마나 사랑하는지 알게 될까요? 왜 그렇게 생각하나요? 아이들의 대답을 기다린다. 여러분은 누군가가 여러분을 사랑한다는 것을 어떻게 아나요? 반대로 여러분이 누군가를 사랑한다는 것을 어떻게 보여 주나요? 아이들의 대답을 기다린다.

우리가 하나님을 사랑하고 다른 사람들을 사랑한다는 것을 어떻게 보여 줄 수 있을까요? 하나님은 아들이신 예수님을 보내 사람들을 죄에서 구원하셔서 우리를 향한 자신의 사랑을 보여 주셨답니다!

가스펠 소그룹
(10~20분)

나침반

순서대로 맞추기

"옛적에 선지자들을 통하여 여러 부분과 여러 모양으로 우리 조상들에게 말씀하신 하나님이 이 모든 날 마지막에는 아들을 통하여 우리에게 말씀하셨으니"(히 1:1~2상).

준비물 1단원 암송(127쪽), 표지판 2개, 암송 구절을 어절 단위로 써 놓은 카드

① 아이들에게 잘 보이도록 벽에 1단원 암송을 붙이고 여러 번 읽게 한다.

② 미리 만들어 둔 표지판 중 한 표지판에는 '옛적에', 다른 표지판에는 '이 모든 날 마지막에는'이라고 쓰고, 예배실의 반대편 벽에 각각 붙인다.

③ '옛적에'라고 쓴 표지판 아래에는 암송 구절의 앞부분에 해당하는 단어 카드를 섞어 두고, '이 모든 날 마지막에는'이라고 쓴 표지판 아래에는 암송 구절의 뒷부분에 해당하는 단어 카드를 섞어 놓는다.

④ 아이들에게 각 표지판 아래에 있는 암송 카드를 순서에 맞게 배열하라고 한다.

⑤ 암송 구절을 순서에 맞게 배열하면, 큰 소리로 함께 읽는다.

— 예수님이 오시기 전에 하나님은 많은 선지자를 이스라엘 백성에게 보내 그들이 누구를 섬겨야 하는지를 알려 주셨어요. 하지만 백성은 그 뜻에 완전하게 순종하지 못했어요. 그래서 하나님은 예수님을 보내셨어요. 예수님은 하나님의 말씀을 전했을 뿐 아니라, 그 말씀에 완전하게 순종하셨어요. 하나님의 말씀과 그 말씀에 완전히 순종할 힘은 하나님의 말씀이신 예수님에게서 나와요. 예수님을 믿고 의지하면, 하나님은 우리를 용서하시고 우리가 하나님과 영원히 함께 살 수 있도록 하세요.

보물 지도

짝에게 말해요

준비물 성경

① 아이들에게 성경에서 열왕기상 18장을 찾으라고 한다. 열왕기상은 구약에 있다고 말해 준다.

② 자원자를 한 명 뽑아 열왕기상 앞에는 어떤 책이 있는지(사무엘하), 뒤에는 어떤 책이 있는지(열왕기하) 물어본다.

— 오늘 우리는 하나님의 놀라운 능력에 대해 아주 엄청난 이야기를 들었어요. **유일하신 참 하나님이 바알의 선지자들 앞에서 자신을 나타내셨어요.** 이제 여러분이 성경 이야기를 얼마나 기억하는지 알아보기로 해요.
모두 짝을 지어 보세요. 제가 몇 가지 질문을 하면, 여러분은 자기 짝에게 답을 말하는 거예요.

③ 아이들이 2명씩 짝을 짓도록 한 다음 아래의 질문을 한다.

④ 아이들이 성경을 보며 정답을 확인할 수 있도록 성경 구절을 알려 준다.

1 아합과 바알의 선지자들에 맞서 싸운 선지자는 누구인가요?
엘리야 (왕상 18:1)

2 오늘의 성경 이야기에 나오는 가짜 신의 이름은 무엇인가요?
바알 (왕상 18:18)

3 엘리야와 바알의 선지자는 각각 무엇을 쌓았나요?
제단 (왕상 18:23)

4 엘리야는 제단 위에 무엇을 부었나요?
물 (왕상 18:33)

5 하나님은 하나님이 유일한 참 하나님이신 것을 어떻게 보여 주셨나요?
엘리야가 기도하자 하나님이 하늘에서 불을 내려 번제물과 제단 그리고 물을 다 태우셨다 (왕상 18:38)

6 하나님 외에 다른 신이 있나요?
오직 하나님 한 분만이 우리의 예배를 받으실 참 신이세요.

탐험하기

얼마나 될까?

준비물 학생용 교재 4쪽, 연필

각 질문에 알맞은 답을 찾아 ○표 한 후, 각 문제의 정답에 해당하는 글자를 문제의 번호가 적힌 빈칸에 넣어 답을 완성하게 한다.

— 엘리야는 가짜 신을 섬기는 많은 사람과 맞섰어요. 엘리야는 **오직 하나님 한 분만이 우리의 예배를 받으실 참 신**이라는 사실을 알았어요.

1 영어에는 알파벳이 몇 개 있나요? 직 26개

2 1km는 몇 cm인가요? 나 100,000cm

3 1년은 몇 개월인가요? 한 12개월

4 1년은 몇 주인가요? 하 52주

5 한국에는 몇 개의 도가 있나요? 참 9도

6 성경은 모두 몇 권인가요? 분 66권

7 1시간은 몇 분인가요? 님 60분

8 거미의 다리는 모두 몇 개인가요? 오 8개

> 하나님 외에 다른 신이 있나요?
>
> 오(8) 직(1) 하(4) 나(2) 님(7) 한(3) 분(6) 만이
>
> 우리의 예배를 받으실 참(5) 신이세요.

일어난 순서대로

준비물 학생용 교재 5쪽, 연필

① 각 그림 속 사건이 일어난 순서대로 해당하는 그림에 번호를 쓰게 한다.

② 각 그림이 나타내는 이야기를 한 줄로 빈칸에 쓰게 한다.

— 하나님은 엘리야의 기도에 응답하셨어요. **유일하신 참 하나님이 바알의 선지자들 앞에서 자신을 나타내셨어요. 오직 하나님 한 분만이 우리의 예배를 받으실 참 신이세요.**

도전! 이야기 만들기 *

준비물 성경

① 아이들에게 오늘의 성경 이야기를 연극이나 무언극, 댄스, 랩, 노래와 같이 다양한 방법으로 표현해 보라고 한다.

② 한 명, 또는 그룹으로 이야기를 만들 수 있다고 알려 준다.

③ 성경에서 열왕기상 18장을 참고하라고 한다.

④ 준비가 되면 차례대로 나와 직접 만든 성경 이야기를 발표하게 한다.

보물 상자

나만의 기록장

준비물 학생용 교재 6쪽, 연필

아이들에게 하나님을 예배하는 방법에는 어떤 것이 있으며, 예배를 통해 하나님의 어떤 점들을 찬양하는지 생각해 보게 한다. 아이들에게 하나님을 섬기는 방법들을 글로 적어 보라고 한다.

— **오직 하나님 한 분만이 우리의 예배를 받으실 참 신이세요.** 우리는 하나님을 여러 방법으로 섬길 수 있어요. 지금은 기도로 하나님을 섬겨 보아요!

메시지 카드 만들기

준비물 학생용 교재 59쪽 메시지 카드, 카드 고리, 펀치, 가위

① 카드를 오리고 펀치로 구멍을 뚫어 고리로 연결하게 한다.

② 가방이나 지갑에 고리를 끼워 항상 휴대하면서 오늘 배운 성경 이야기를 수시로 기억하게 하고, 가족과도 함께 나눌 수 있도록 격려한다.

기도

하나님, 하나님만이 참 신이심을 알게 해 주셔서 감사합니다. 하나님의 능력과 영광을 찬양하며 하나님만 예배합니다. 예수님의 이름으로 기도합니다. 아멘.

2

엘리야가 이세벨을 피해 도망쳤어요

왕상 19장

단원 암송

옛적에 선지자들을 통하여 여러 부분과
여러 모양으로 우리 조상들에게
말씀하신 하나님이 이 모든 날
마지막에는 아들을 통하여 우리에게
말씀하셨으니(히 1:1~2상).

성경의 초점

하나님 외에 다른 신이 있나요?
오직 하나님 한 분만이 우리의 예배를
받으실 참 신이세요.

본문 속으로

엘리야 선지자는 가짜 신 바알을 이기신 하나님의 놀라운 능력을 보았습니다. 하나님은 하늘에서 불을 보내셨고, 큰비를 내려 오랜 가뭄을 끝내셨습니다. 엘리야는 분명 승리감을 맛보았을 것입니다. 악한 왕 아합도 여호와가 참 하나님이신 것을 부정할 수 없었습니다. 그러나 엘리야에게는 아합의 아내인 이세벨이라는 또 다른 문제가 기다리고 있었습니다. 이세벨은 바알을 숭배했기 때문입니다.

갈멜산에서 일어난 일을 전해 들은 이세벨은 엘리야를 죽이겠다고 협박했습니다. 엘리야는 도망쳐 광야에 숨었습니다. 이 얼마나 급작스러운 변화입니까? 하나님의 영광을 보여 달라고 신념에 가득 차 당당하게 기도하던 사람이 이제는 자신의 생명을 거두어 가시길 간청하고 있습니다(왕상 19:4 참조).

하나님은 엘리야에게 긍휼을 베푸셨습니다. 하나님의 천사가 지친 엘리야에게 먹을 것과 마실 것을 가져다주었습니다. 그것을 먹고 기운을 차린 엘리야는 호렙산에 이르러 하나님을 직접 만나게 되었습니다.

시내산의 또 다른 이름인 호렙산은 이스라엘의 역사상 매우 친숙한 장소였습니다. 그곳은 하나님이 이스라엘 백성에게 십계명을 주신 곳이며, 모세가 하나님을 만난 곳이었습니다.

열왕기하 18장의 사건을 경험했던 엘리야는 하나님이 웅장한 모습으로 나타나시기를 기대했을지도 모릅니다. 하지만 그가 경험한 것은 정반대였습니다. 하나님은 크고 강한 바람 속에 계시지 않았습니다. 지진 속에도 계시지 않았습니다. 불 속에도 계시지 않았습니다. 하나님은 세미한 소리로 엘리야에게 자신을 드러내셨습니다. 그것은 아주 부드러운 소리였습니다.

엘리야는 어려운 상황에 놓여 있었지만, 하나님은 그를 버려두지 않으셨습니다. 그가 혼자가 아니라는 사실을 확인시켜 주셨습니다. 바알에게 무릎을 꿇지 않은 사람 7,000명을 이스라엘에 남겨 두었다고 말씀하셨습니다. 또한 하나님은 엘리야에게 친구이자 후계자가 될 엘리사를 보내셨습니다.

주 제

하나님은 엘리야에게 부드럽고 조용한 소리로 자신을 드러내셨어요.

가스펠 링크

위대한 선지자이신 예수님은 하나님의 말씀을 전하고 가르친다는 이유로 미움을 받고 죽임을 당하셨어요.

●● 티칭 포인트

아이들에게 하나님의 선지자들은 고통을 받았지만 하나님은 그들의 인생과 메시지를 통해 언제나 궁극적인 선지자이시며, 제사장이시요, 왕이신 예수 그리스도를 백성에게 나타내셨다는 것을 알려 주시기 바랍니다. 이 세상의 죄를 씻기 위해 고난을 당하신 예수님 말입니다.

엘리야가 이세벨을 피해 도망쳤어요 왕상 19장

엘리야는 선지자였어요. 그는 하나님의 능력을 잘 알았지요. 하나님은 북 이스라엘의 왕 아합과 모든 사람에게 자신이 유일한 참 하나님이라는 사실을 보여 주셨어요. 아합은 아내 이세벨에게 갈멜산에서 일어난 일을 들려주었어요. 그러자 바알을 숭배하는 이세벨은 화가 났어요. 이세벨은 엘리야에게 사람을 보내 그를 반드시 죽이겠다고 전했어요.

두려워진 엘리야는 이세벨이 찾을 수 없도록 멀리 광야로 도망쳤어요. 힘들고 지친 엘리야는 하나님께 기도했어요. "하나님, 이제 이것으로 충분하니 제 목숨을 거둬 주십시오." 그러고는 로뎀 나무 아래에 누워 잠이 들었어요.

하나님은 엘리야를 도울 천사를 보내셨어요. 천사가 엘리야를 깨우며 "일어나서 뭘 좀 먹어라"라고 말했어요. 엘리야가 일어나 보니 구운 빵 한 덩어리와 물 한 병이 놓여 있었어요. 그는 먹고 마신 후 다시 자리에 누웠어요.

천사가 다시 나타나 엘리야를 깨웠어요. "일어나 뭘 좀 먹어라. 네 갈 길이 아직 멀었다." 엘리야는 다시 일어나 음식을 먹었어요. 음식을 먹고 힘을 얻은 엘리야는 밤낮으로 40일 동안 걸어 호렙산에 도착했어요.

엘리야는 호렙산에 있는 한 동굴에 들어가 밤을 지냈어요. 하나님이 엘리야에게 말씀하셨어요. "엘리야야, 여기서 뭘 하고 있느냐?"

엘리야는 "저는 하나님을 열심히 섬겼습니다. 그러나 이스라엘 백성은 하나님의 언약을 버리더니, 이제는 제 목숨까지 빼앗으려 합니다"라고 대답했어요.

하나님은 엘리야에게 "곧 내가 지나갈 테니 산 위에서 있어라"라고 말씀하셨어요.

강한 바람이 빠르고 세차게 불어왔어요. 하지만 하나님은 바람 속에 계시지 않았어요. 바람이 지나간 뒤 지진이 일어났지만, 지진 속에도 하나님은 계시지 않았어요. 그다음에는 불이 났지만, 불 속에도 하나님은 계시지 않았어요. 불이 지나간 후 한 소리가 들렸어요. 아주 조용하고 부드러운 소리였지요.

엘리야는 겉옷으로 자신의 얼굴을 가리고, 동굴 입구에 섰어요. "엘리야야, 네가 어찌하여 여기 있느냐?"라는 소리가 들렸어요. "저는 하나님을 열심히 섬겼습니다. 그러나 이스라엘 백성은 하나님의 언약을 버리더니, 이제는 제 목숨까지 빼앗으려 합니다"라고 엘리야가 대답했어요.

하나님은 엘리야에게 하사엘, 예후, 엘리사를 지도자로 임명하라고 하셨어요. 하사엘은 아람(시리아)의 왕이 될 것이고, 예후는 북 이스라엘의 왕이 될 것이라고 하셨지요. 그리고 엘리사는 엘리야의 뒤를 이어 선지자가 될 것이라고 하셨어요.

엘리야는 하나님께 순종했어요. 그는 쟁기로 밭을 갈고 있던 엘리사를 찾아냈어요. 엘리사는 하던 일을 멈추고 엘리야를 따르며 그를 섬겼어요.

●● 가스펠 링크

하나님의 말씀을 선포하는 선지자 엘리야는 자신을 해치려는 적들의 공격을 받았어요. 엘리야의 인생은 예수님을 가리키고 있어요. 위대한 선지자이신 예수님도 하나님의 말씀을 전하고 가르친다는 이유로 미움을 받고 죽임을 당하셨어요.

가스펠 준비
(10~20분)

환영

도착하는 아이들을 반갑게 맞이하고 헌금, 출석, QT 등을 확인하며 격려한다. 새 친구가 있다면 소개한다. 편안한 분위기에서 안부를 물으며 오늘의 말씀과 관련된 화제로 이야기를 나눈다. 아이들에게 무서워하는 것이 있는지, 무서워하는 이유는 무엇인지 물어본다. 그리고 두려움을 어떻게 이겨 내는지도 물어본다. 자발적으로 대화에 참여하도록 이끈다.

예) "무서워하는 것이 있다면 그 이유는 무엇인가요?", "두려운 상황을 어떻게 이겨 냈나요?" 등.

── 하나님은 언제나 우리와 함께하시겠다고 말씀하셨어요. 그러니까 우리는 무서워할 필요가 없어요. 여러분이 아무리 무섭거나 어려운 일을 만나도, 하나님은 절대로 여러분을 떠나지 않으세요. 오늘 우리는 엘리야 선지자가 처했던 아주 힘든 상황에 대한 이야기를 배우게 될 거예요!

마음 열기

내가 무서워하는 것은 *

준비물 의자

① 인원수만큼 의자를 둥글게 배치하고, 아이들을 의자에 앉힌다.
② 술래를 한 사람 뽑아 한가운데에 세우고, 의자 하나를 원 밖으로 치운다.
③ 술래에게 친구들이 무서워할 만한 것을 한 가지 말해 보라고 한다.
예) 쥐, 높은 곳, 정글짐, 부모님에게 혼나는 일 등.
④ 술래가 말한 것이 무섭다고 생각하는 아이들은 자리에서 일어나 다른 사람의 의자에 가서 앉으라고 한다.
⑤ 술래도 빈 의자 중 하나에 앉아야 한다고 일러 준다.
⑥ 의자에 앉지 못한 아이가 다음 술래가 된다.
⑦ 같은 방식으로 게임을 여러 번 진행한다.

── 사람마다 무서워하는 것이 다 달라요. 하지만 하나님은 그 어떤 것보다 강한 분이세요. 하나님은 아무것도 무서워하지 않으세요. 그뿐만 아니라, 무서워하는 것들로부터 우리를 지켜 주세요. 오늘 우리는 하나님이 두려움에 빠진 엘리야에게 어떻게 용기를 주셨는지 배우게 될 거예요.

그림으로 말해요 *

준비물 색인 카드, 화이트보드, 보드마커

① 색인 카드에 핵심 단어를 하나씩 쓴다. (천사, 빵, 물, 동굴, 산, 바람, 지진, 불, 속삭임)
② 아이들을 두 팀으로 나누고, 대표를 한 명씩 뽑으라고 한다.
③ 각 팀의 대표에게 색인 카드의 단어를 하나씩 보여 주고, 화이트보드에 그림으로 그리라고 한다.
④ 정답을 먼저 맞히는 팀이 1점을 얻는다.
⑤ 대표를 바꾸어 가며 게임을 진행한다.

── 오늘의 성경 이야기에서는 두려움에 빠진 엘리야와 엘리야를 위로하시고 모든 것을 책임지시는 하나님을 만나게 될 거예요.

가스펠 설교
(15~30분)

들어가기

준비물 흰색 실험 가운, 클립보드, 연필

실험 가운을 입고 클립보드와 연필을 들고 들어온다.

만나서 반가워요, 여러분! 여러분과 함께 또다시 과학 실험 여행을 떠날 생각을 하니 마음이 설레요. 지난주에 우리는 하나님의 말씀을 탐험하면서 무척 즐거운 시간을 보냈어요. 우리의 하나님이 유일하신 진짜 하나님이라는 증거를 찾으면서 말이에요.

오늘 우리는 또 다른 성경 이야기를 살펴보게 될 거예요. 지난주에 과학자들이 자신을 둘러싼 세상을 어떻게 연구하는지 그 방법을 알려 드렸지요? 기억하나요? 사물을 관찰하고, 질문을 던지고, 예측한 다음, 실험하고, 찾아낸 증거를 바탕으로 결론을 내린다고 했어요. 성경을 연구하는 방법도 이와 같아요. 성경에 나오는 모든 이야기는 결국 유일하신 참 하나님과 예수님을 통해 우리를 구원하시려는 하나님의 계획을 우리에게 가르쳐 주기 때문이에요.

하나님에 대해 배울 수 있는 방법에는 어떤 것이 있을까요? 아이들의 대답을 기다린다. 아주 잘 대답했어요! 하나님이 만드신 세상을 관찰하면 되지요. 이 세상 모든 것에는 하나님의 손자국이 남아 있으니까요. 우리의 오감을 사용해서 하나님에 대해 배울 수 있어요. 5가지 감각은 어떤 것인지 말해 볼 사람 있나요? (미각, 시각, 청각, 촉각, 후각) 이런 5가지 감각을 사용해서 하나님이 만드신 세상을 관찰하다 보면 하나님에 대해 더 많은 것을 배울 수 있을 거예요. 오늘 우리가 할 활동이 바로 그것이지요!

연대표

연대표를 한번 볼까요? 지난주 우리는 엘리야와 바알의 선지자들이 대결한 이야기를 들었어요. 엘리야는 유일하신 참 하나님께 제단을 쌓았고, 바알의 선지자들은 가짜 신 바알에게 제단을 쌓았지요. 그들은 진짜 하나님이 누구인지 알아보기 위해 실험을 한 거예요. 유일한 참 하나님이신 여호와 하나님만 하늘에서 불을 보내셨어요.

유일하신 참 하나님이 바알의 선지자들 앞에서 자신을 나타내셨어요. 엘리야는 놀라운 하나님의 능력을 두 눈으로 보았지만, 여전히 아합왕과 그의 아내 이세벨이 두려웠어요. 멀리 도망가서 숨고 싶었지요. 그들이 자기를 죽일까 봐 겁이 났기 때문이에요. 연대표에서 오늘의 성경 이야기를 가리킨다. 오늘의 성경 이야기는 바로 여기에서 시작한답니다.

엘리야가 악한 아합을 꾸짖었어요

엘리야가 이세벨을 피해 도망쳤어요

하나님이 나아만을 고쳐 주셨어요

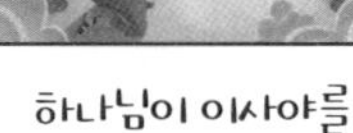

하나님이 이사야를 부르셨어요

성경의 초점

모든 과학자가 공통으로 하는 것이 무엇이라고 했지요? 맞아요, 질문을 던지는 거예요. 우리도 질문해 볼까요? **하나님 외에 다른 신이 있나요?** 지난주 우리는 **오직 하나님 한 분만이 우리의 예배를 받으실 참 신**이시라는 것을 배웠어요.

오늘의 성경 이야기를 들을 때도 이 질문을 기억하면서 유일하신 참 하나님을 가리키는 증거들에는 어떤 것들이 있는지 함께 찾아보기로 해요.

성경 이야기

DVD 열왕기상 19장을 펴고, 설교 영상(지도자용 팩)을 보여 주거나 이야기 성경을 들려준다.

와, 정말 놀라운 이야기군요! 하나님이 우리에게 여러 방법으로 말씀하신다는 것도 놀랍고, 가끔은 우리가 생각하지 못한 방법으로 우리를 찾아오신다는 것도 놀라워요! 엘리야는 아마 하나님이 큰 소리로 말씀하실 거라고 생각했을 거예요. 갈멜산에서 하나님의 크신 능력을 경험한 직후였으니 그럴 만도 하지요. 하지만 **하나님은 엘리야에게 부드럽고**

조용한 소리로 자신을 드러내셨어요.

엘리야는 하나님이 능력 있는 분이라는 것을 알고 있었어요. 하나님은 이세벨에게서 엘리야를 지키시고 돌봐주실 것이라는 사실을 엘리야에게 확인시켜 주셨어요.

여러 부분에서 엘리야는 예수님과 닮았어요. 하나님의 선지자인 엘리야는 자신을 해치려는 많은 적을 만났어요. 엘리야의 삶은 예수님을 가리켜요. 예수님은 위대한 선지자이자 하나님의 아들이셨지만, 하나님의 말씀을 전하고 가르친다는 이유로 미움을 받고 죽임을 당하셨어요.

복/습/질/문

1. 엘리야를 죽이려고 한 사람은 누구였나요?
   이세벨 (왕상 19:2)
2. 엘리야가 힘을 잃고 쓰러져 있을 때 하나님의 천사가 나타나 어떻게 했나요?
   엘리야를 어루만지며 일어나 먹으라고 말했다 (왕상 19:5~7)
3. 하나님은 엘리야에게 어떤 음식을 주셨나요?
   빵(떡)과 물 (왕상 19:6)
4. 음식으로 기운을 차린 엘리야는 무엇을 했나요?
   40일 동안 걸어서 호렙산으로 갔다 (왕상 19:8)
5. 엘리야가 용기를 잃은 이유는 무엇인가요?
   이스라엘 백성이 하나님의 언약을 버리고, 하나님의 선지자들을 죽이며, 이제 엘리야까지 죽이려 했기 때문이다 (왕상 19:10)
6. 하나님은 어떤 방법으로 엘리야에게 자신을 드러내셨나요?
   하나님은 엘리야에게 부드럽고 조용한 소리로 자신을 드러내셨다 (왕상 19:12)

복음 초청

성경과 105쪽 복음 초청 가이드를 이용해서 아이들에게 그리스도인이 되는 법을 설명해 준다. 따로 상담해 줄 사람을 정해 주고 궁금한 점이 있으면 물어보도록 격려한다.

이 시간 예수님을 마음에 모시고 싶은 친구는 함께 기도해요.

기도

하나님, 하나님의 말씀을 통해 우리에게 하나님을 드러내시니 감사합니다. 일주일 동안 하나님의 말씀을 읽으며 하나님의 소리에 귀를 기울일 수 있도록 도와주세요. 언제나 하나님이 함께하심을 알게 해 주시고, 오직 하나님만 섬기는 마음을 우리에게 주세요. 예수님의 이름으로 기도합니다. 아멘.

적용

TIP 설교 도입이나 적용으로 활용하거나 영상을 본 뒤 소그룹으로 나누어 풍성한 대화를 이어 갈 수 있습니다.

엘리야가 도망쳤던 이유를 기억하나요? (이세벨이 죽이려고 했기 때문이에요.) 엘리야는 하나님의 선지자였고, 하나님은 하늘에서 불을 내려 유일하신 참 하나님의 능력을 보여 주셨어요. 하지만 하나님을 섬기는 엘리야에게도 힘들고 어려운 일들이 있었어요. 그에게도 적이 있었지요. 다음 영상을 함께 보기로 해요.

DVD 적용 예화 영상(지도자용 팩)을 보여 준다.

영상 속의 컵케이크들은 왜 과일과 채소를 좋아하지 않았는지 이야기를 나누어 본다.

어떤 경우에 적이 생길까요? 여러분이 예수님을 따른다는 이유만으로 누군가가 여러분을 싫어했던 적이 있나요? 아이들의 대답을 기다린다. 선지자였던 엘리야는 하나님의 말씀을 전했기 때문에 사람들에게 미움을 받았어요. 엘리야의 삶은 예수님을 가리켜요. 예수님도 하나님의 말씀을 전한다는 이유로 사람들에게 미움을 받고 결국 죽임까지 당하셨지요. 우리를 구원하시고 하나님과 함께할 수 있도록 하기 위해서 말이에요.

가스펠 소그룹
(10~20분)

나침반

이어 말하기

준비물 1단원 암송(127쪽), 사인펜, A4 용지

① 1단원 암송 구절을 A4 용지에 어절 단위로 나누어 써 놓는다.

② 아이들에게 종이를 나누어 주고, 자신의 카드에 적힌 구절을 확인하라고 한다.

③ 함께 암송 구절을 외울 때, 해당하는 부분을 순서대로 말하라고 한다.

④ 익숙해질 때까지 여러 번 반복한다.

— 지난주에 우리는 1단원 암송 구절을 배웠어요. 이 구절은 하나님이 우리에게 어떻게 말씀하시는지를 보여 주어요. 성경은 하나님이 하나님의 아들을 보내셨다고 말해요. 예수님은 우리에게 하나님이 어떤 분이신지 보여 주세요. 우리는 하나님의 말씀인 성경을 통해 예수님의 가르침과 일생을 배울 수 있어요. 하나님, 말씀을 주셔서 감사합니다!

보물 지도

기억력 골든벨

준비물 성경, 미니 칠판, 칠판지우개, 분필

① 아이들에게 미니 칠판, 분필, 칠판지우개를 하나씩 나누어 준다.

② 성경에서 열왕기상 19장을 찾으라고 한다. 필요하면 성경 앞부분에 있는 목차를 보고 찾도록 도와준다.

— 오늘 우리가 들은 성경 이야기는 하나님의 백성을 향한 하나님의 큰 사랑을 보여 주는 증거들로 가득 차 있어요. 여러분이 얼마나 기억하는지 한번 확인해 볼까요? 제가 질문을 하면 여러분은 칠판에 답을 쓰는 거예요. 답을 다 쓴 사람은 칠판을 머리 위로 들어서 보여 주세요.

③ 아이들에게 아래의 문제를 하나씩 낸다. 아이들이 성경을 찾으며 정답을 확인할 수 있도록 도와준다.

1 엘리야를 죽이려고 한 사람은 누구였나요?

이세벨 (왕상 19:2)

2 엘리야가 힘을 잃고 쓰러져 있을 때 하나님의 천사가 나타나 어떻게 했나요?

엘리야를 어루만지며 일어나 먹으라고 말했다 (왕상 19:5~7)

3 하나님은 엘리야에게 어떤 음식을 주셨나요?

떡(빵)과 물 (왕상 19:6)

4 기운을 차린 엘리야가 호렙산까지 가는 데 며칠이 걸렸나요?

40일 (왕상 19:8)

5 엘리야가 용기를 잃은 이유는 무엇인가요?

이스라엘 백성이 하나님의 언약을 버리고, 하나님의 선지자들을 죽이며, 이제 엘리야까지 죽이려 했기 때문이다 (왕상 19:10)

6 하나님은 어떤 방법으로 엘리야에게 자신을 드러내셨나요?

하나님은 엘리야에게 부드럽고 조용한 소리(세미한 소리)로 자신을 드러내셨다 (왕상 19:12)

— 모두 참 잘했어요! 오늘 성경 이야기를 듣고 놀랐나요? 이 성경 이야기는 하나님이 어떤 분이라고 말하나요? 아이들의 대답을 기다린다.

탐험하기

하나님은 어디 계실까?

준비물 학생용 교재 8쪽, 연필

① 4가지 색의 길 중 하나를 골라 선을 그으며 따라가 보라고 한다.

② 목적지는 '부드럽고 조용한 소리'이며, 단 하나의 길만이 엘리야를 목적지로 인도한다고 알려 준다.

— 오늘의 성경 이야기에서 하나님은 엘리야에게 자신을 드러내셨어요. 하나님은 어떤 모습으로 나타나셨나요?

엘리야가 겪은 일을 살펴보면, 하나님은 바람이나 지진 속에 계시지 않았어요. 불 속에도 계시지 않았어요. **하나님은 엘리야에게 부드럽고 조용한 소리로 자신을 드러내셨어요.**

엘리야를 찾아오신 하나님

준비물 학생용 교재 9쪽, 연필

① 아이들에게 맨 처음 나오는 글자인 '하'를 시작으로 글자를 연결해 2과의 주제 문장을 찾아보라고 한다.

② 찾은 문장을 적고 함께 읽는다.

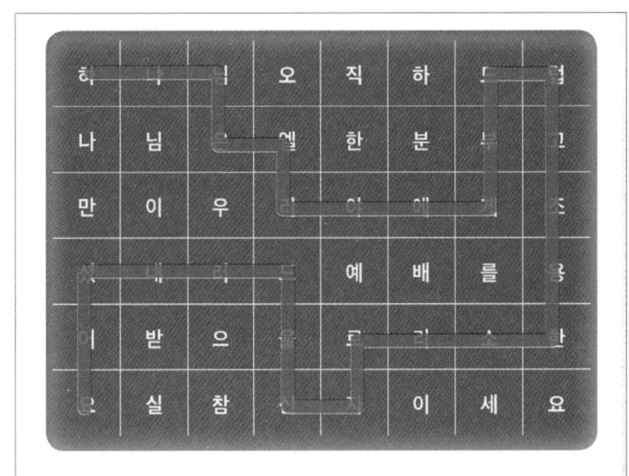

하나님은 엘리야에게 부드럽고 조용한 소리로

자신을 드러내셨어요.

—— **하나님 외에 다른 신이 있나요? 오직 하나님 한 분만이 우리의 예배를 받으실 참 신이세요.** 오늘 우리는 하나님이 유일한 참 하나님이시라는 사실에 관해 많은 이야기를 나누었어요. 우리는 말씀을 통해 우리에게 자신을 드러내시는 하나님을 예배해야 해요. 날마다 우리의 삶 속에서 놀라운 일들을 행하시는 하나님을 찬양해요!

누구 소리일까? *

준비물 1단원 암송(127쪽)

① 아이들을 두 팀으로 나눈다.

② A팀 아이들에게 눈을 감고 뒤돌아 벽을 향해 서라고 한다.

③ B팀 아이 한 명에게 단원 암송 구절을 보여 주며, 히브리서 1장 1~2 상반절을 큰 소리로 읽으라고 한다.

④ A팀에게 성경을 읽은 아이가 누구인지 맞혀 보라고 한다. 맞히면 1점을 준다.

⑤ 여러 사람이 돌아가며 성경을 읽고 맞히기를 반복한다.

⑥ 역할을 바꿔 A팀이 성경을 읽고, B팀이 맞히는 방식으로 게임을 진행한다.

—— 오늘의 성경 이야기에서 엘리야는 하나님의 소리에 귀를 기울였어요. 엘리야는 아마 하나님이 바람이나 지진, 불 속에서 아주 큰 소리로 말씀하실 거라고 생각했을 거예요. 하지만 **하나님은 엘리야에게 부드럽고 조용한 소리로 자신을 드러내셨어요.** 하지만 우리는 조금 전에 했던 게임처럼, 가끔은 하나님을 알기 위해 시각이 아닌 다른 감각의 힘을 빌려야 할 때가 있어요. 하나님은 우리 눈에 보이지 않으시지만, 여러 방법으로 우리에게 자신을 드러내세요. 하나님의 말씀도 그중 하나랍니다.

보물 상자

나만의 기록장

준비물 학생용 교재 10쪽, 연필

아이들에게 가장 무서워하는 것은 무엇인지 생각해 보라고 한다. 두려움을 느낄 때 하나님은 어떻게 하실지를 글로 적어 보라고 한다.

—— 우리는 하나님이 어떤 분이신지 알기 때문에, 무서울 때도 용기를 낼 수 있어요. 하나님은 결코 우리를 두려움에 떨게 버려두지 않으세요. 하나님은 언제나 우리와 함께하시고, 이 세상의 모든 것을 책임지세요. 우리는 하나님을 믿을 수 있어요.

메시지 카드

이번 주 메시지 카드로 부모님과 함께 오늘 배운 성경 이야기를 나누어 보라고 한다.

기도

하나님, 언제나 우리와 함께해 주셔서 감사합니다. 혼자 있을 때나 두려움을 느낄 때도 하나님이 함께하시는 것을 느낄 수 있도록 도와주세요. 하나님은 우리의 모든 것을 책임지시는 분이심을 기억합니다. 예수님의 이름으로 기도합니다. 아멘.

3

하나님이 나아만을 고쳐 주셨어요

왕하 5장

단원 암송

옛적에 선지자들을 통하여 여러 부분과 여러 모양으로 우리 조상들에게 말씀하신 하나님이 이 모든 날 마지막에는 아들을 통하여 우리에게 말씀하셨으니(히 1:1~2상).

성경의 초점

하나님 외에 다른 신이 있나요? 오직 하나님 한 분만이 우리의 예배를 받으실 참 신이세요.

본문 속으로

누구나 병에 걸릴 수 있습니다. 자주 병치레를 하는 사람도 있습니다. 질병은 여러분이 가르치는 아이들에게도 낯선 일이 아닙니다. 오늘의 성경 이야기에서 아람(시리아) 군대의 사령관인 나아만은 한센병(나병)이라는 아주 큰 병에 걸렸습니다. 한센병에 걸린 사람은 신체가 심하게 일그러질 뿐만 아니라 전염의 위험이 크기 때문에 사람들에게서 떨어져 지내야 했습니다. 당장 치료하지 않으면 나아만은 큰 고통을 겪을 처지였습니다. 하지만 뜻밖에도 노예로 잡혀 온 한 어린 소녀의 도움을 받게 되었습니다.

당시 북 이스라엘과 아람 사람들은 서로 사이가 좋지 않았습니다. 아람의 군대가 북 이스라엘에 쳐들어와 닥치는 대로 약탈했기 때문입니다. 그들은 사람들도 데려가 노예로 삼았습니다.

나아만의 아내가 데리고 있던 노예도 북 이스라엘에서 잡혀 온 소녀였습니다. 이 소녀는 유일하신 참 하나님을 알았습니다. 소녀는 기적을 베풀어 사람들을 돕고 치료하던 엘리사와 같은 선지자에 대해서도 잘 알고 있었습니다. 소녀는 자기 여주인에게 엘리사라면 나아만을 고칠 수 있을 것이라고 말했습니다. 아람왕은 북 이스라엘의 왕에게 편지를 보내 나아만의 한센병을 고쳐 달라고 부탁했습니다. 하지만 북 이스라엘의 왕에게는 나아만의 병을 고칠 능력이 없었습니다. 치료의 능력은 오직 하나님께만 있습니다.

엘리사는 나아만을 불렀습니다. 하지만 그다음 일어난 일은 나아만의 예상과는 전혀 달랐습니다. 나아만은 엘리사가 하나님의 이름을 부르고 상처 위에 손을 흔들어 치유의 기적을 베풀 것이라고 기대했습니다. 하지만 엘리사가 나아만에게 내린 지시는 그저 요단강에 가서 몸을 일곱 번 씻으라는 것이었습니다.

나아만은 화가 났습니다. 강에서 씻는 일 정도는 자기 고향에서도 얼마든지 할 수 있었기 때문입니다. 그러나 그의 종들은 나아만에게 강에 가서 씻으라고 간청했습니다. 나아만은 엘리사의 말대로 요단강에 내려가 몸을 씻었고, 하나님은 그를 낫게 하셨습니다.

주 제

하나님이 엘리사를 통해 나아만의 병을 고쳐 주셨어요.

가스펠 링크

모든 사람은 죄라는 죽을병에 걸려 있어요. 예수님만이 우리를 고쳐 주실 수 있어요.

●● 티칭 포인트

모든 병자가 지금의 생에서 병 고침을 받는 것은 아닙니다. 육체적 질병은 타락한 세상에서 살아가는 사람들이 겪게 되는 죄의 결과 중 하나입니다. 온전한 치유는 예수님을 통해서만 가능하다는 것을 아이들에게 알려 주십시오. 예수님의 죽음과 부활로 우리는 용서와 영생이라는 고침을 받게 되었습니다.

하나님이 나아만을 고쳐 주셨어요 왕하 5장

엘리사가 선지자였을 때, 북 이스라엘은 종종 아람 사람들에게 공격을 받았어요. 아람의 군대는 도시에 쳐들어와 물건을 마구 빼앗아 갔어요. 심지어 사람들도 잡아가 노예로 삼았어요. 나아만은 아람 군대의 사령관이었어요. 그는 훌륭한 군인이었지만 병에 걸리고 말았어요. 바로 *한센병이라는 아주 무서운 병이었어요.

북 이스라엘에서 잡혀 온 노예들 중에 어린 소녀가 있었어요. 그 소녀는 나아만의 아내를 섬기게 되었지요. 소녀는 나아만이 병든 것을 보고, 그가 낫길 바랐어요.

소녀는 나아만의 아내에게 "주인님께서 사마리아에 있는 선지자를 만날 수 있으면 좋겠어요. 그 선지자라면 주인님의 병을 고쳐 주실 수 있을 거예요"라고 말했어요. 소녀의 말을 들은 나아만은 아람왕을 찾아가 말했어요. 아람왕은 나아만을 북 이스라엘에 보내기로 하고, 왕에게 보내는 편지를 썼어요. 편지에는 "내 신하 나아만을 왕께 보내니 이 편지를 받아 보시고 왕께서 그의 한센병을 고쳐 주십시오"라고 쓰여 있었어요.

편지를 읽은 북 이스라엘의 왕은 당황했어요. "내가 하나님이란 말인가? 내가 어떻게 사람을 죽이고 살릴 수 있겠는가? 아람왕은 왜 내게 사람을 보내 한센병을 고쳐 달라고 하는 것인가?" 왕은 나아만을 고칠 수 없었어요. 병을 고치는 능력은 오직 하나님께만 있으니까요.

엘리사 선지자는 왕이 어찌할 바를 모른다는 소식을 듣고 나아만을 자기 집으로 오게 했어요. 나아만이 엘리사의 집 앞에 도착했어요. 그는 언제라도 고침을 받을 준비가 되어 있었지요! 하지만 그다음에 일어난 일은 나아만의 기대와는 전혀 달랐어요. 엘리사는 문밖으로 나오지도 않았고, 그저 심부름꾼을 보내 "요단강에 가서 몸을 일곱 번 씻으시오. 그러면 당신의 피부가 회복되어 깨끗해질 것이오"라고 말했어요.

나아만은 화가 나서 말했어요. "강에서 씻으라고? 그런 건 우리 고향에서도 얼마든지 할 수 있는 일인데! 이 먼 사마리아까지 온 것이 다 헛고생이란 말인가?" 그는 엘리사가 하나님의 이름을 부르고 자기의 상처 난 피부에 손을 얹어 병을 고칠 것으로 생각했던 것이지요.

화가 난 나아만은 돌아가려고 했어요. 하지만 그의 종들이 엘리사의 말대로 해 보자고 간곡히 설득했어요. 나아만은 할 수 없이 요단강으로 갔어요. 그러고는 강물에 몸을 일곱 번 담갔어요. 그러자 그의 병이 나아 피부가 깨끗해졌어요!

나아만과 함께 온 모든 사람은 다시 엘리사에게 돌아갔어요. 나아만은 엘리사에게 "이제야 내가 이스라엘 외에 다른 어디에도 하나님이 계시지 않음을 알게 되었습니다!"라고 말했어요. 바로 이스라엘의 하나님이 참 하나님이시라고 고백한 거예요.

●● 가스펠 링크

한센병에 걸린 나아만은 하나님이 엘리사를 통해 하신 말씀에 따라 요단강에서 몸을 씻고 병이 나았어요. 모든 사람은 죄라는 죽을병에 걸려 있어요. 예수님만이 우리를 고쳐 주실 수 있어요. 우리가 예수님을 주님과 구원자로 믿고 의지할 때, 하나님은 우리의 죄를 용서하시고 우리를 고치세요.

*한센병 : 피부의 감각이 없어지고, 손발이나 얼굴의 모양에 심각한 변화를 일으키는 병

가스펠 준비
(10~20분)

환영

도착하는 아이들을 반갑게 맞이하고 헌금, 출석, QT 등을 확인하며 격려한다. 새 친구가 있다면 소개한다. 편안한 분위기에서 안부를 물으며 오늘의 말씀과 관련된 화제로 이야기를 나눈다. 아이들에게 다른 사람의 도움이 절대적으로 필요했거나, 누군가 자기 대신 무슨 일을 해주기를 간절히 바랐던 적이 있는지 물어본다. 자발적으로 대화에 참여하도록 이끈다.

예) "여러분이 하기에 너무 힘들었던 일이 있었나요?", "아무도 여러분을 도와주지 않아서 어떤 일을 못 했던 적이 있나요?" 등.

— 하나님이 하실 수 없는 일은 없어요. 오늘의 성경 이야기에서 하나님은 아무도 도울 수 없었던 한 사람을 위해 놀라운 일을 하셨어요. 우리 함께 알아보기로 해요.

마음 열기

엘리사 가라사대 *

① 아이들을 일어서게 한 다음, 인도자가 여러 가지 명령을 내린다.

예) "위아래로 뛰어", "발가락을 만져" 등.

② 아이들에게 "엘리사 가라사대"로 시작하는 명령에만 그대로 따르고 "엘리사 가라사대"라고 말하지 않으면 가만히 있어야 한다고 말해 준다.

③ 명령대로 잘 따른 아이들에게는 자리에 앉으라고 한다.

④ 한 명이 남을 때까지 계속 진행한다.

— 명령대로 하기가 쉬웠나요, 어려웠나요? 오늘의 성경 이야기에 나오는 한 사람은 엘리사가 시킨 대로 하고 싶지 않았어요. 하지만 자신의 병을 고치기 위해서는 그대로 해야만 했어요! 과연 엘리사의 말대로 했을까요?

누가 널 만들었느냐 *

준비물 색깔점토

① 아이늘에게 점토를 한 덩이씩 준다.

② 점토로 간단한 동물 모양을 만들어 보라고 한다.

③ 아이들이 만드는 동안 무엇을 만들고 있는지 물어보고, 하나님의 창조하시는 능력에 관해 이야기를 나눈다.

— 상상력을 발휘해서 새로운 것을 만드는 일은 참 재미있어요. 여러분은 어떤 동물을 만들었나요? 아이들에게 자신이 만든 작품을 보여 주고 설명할 기회를 준다. 정말 멋져요! 점토로 만든 동물들이 우리에게 이래라저래라 말할 수 있을까요? 이 동물들이 우리에게 어떤 힘을 행사할 수 있을까요? 당연히 아니죠! 우리가 만들었으니까, 마음대로 할 수 있는 것은 우리예요. 그렇지요? 하나님이 우리를 만드셨어요. 그러니까 하나님은 우리에게 능력을 베푸실 수 있어요. 오늘 우리는 기적에 관한 성경 이야기를 듣게 될 거예요. 기적은 과학으로 설명할 수 없는 현상이에요. 오늘의 성경 이야기에서 하나님은 한 병자를 고치셔서 하나님의 능력을 보여 주셨어요.

들어가기

준비물 흰색 실험 가운, 클립보드, 연필

실험 가운을 입고 클립보드와 연필을 들고 들어온다.

안녕하세요, 여러분! 다시 오신 것을 환영합니다! 오늘도 여러분과 함께하게 되어 정말 기뻐요. 저는 유일한 참 하나님을 알게 해 주는 증거들을 찾고 있어요. 여러분과 함께 성경을 읽으며 하나님의 위대한 능력과 영광에 대한 단서들을 찾고 있지요.

여러분도 아시다시피, 하나님의 말씀과 하나님이 만드신 놀라운 세상을 관찰하다 보면 정말 많은 것을 알 수 있어요. 하지만 과학으로 모든 현상을 설명할 수 있는 것은 아니랍니다. 하나님은 하나님이 만드신 모든 것에 능력을 발휘하실 수 있는데, 가끔은 우리가 설명할 수 없는 기적을 일으키기도 하세요. 성경을 읽으면서 하나님의 기적을 본 적 있나요? 아이들의 대답을 기다린다.

오늘 우리는 하나님이 아주 심한 병에 걸린 한 사람을 고치신 기적에 관한 이야기를 듣게 될 거예요. 기적은 하나님의 위대한 능력을 보여 주는 증거예요. 우리의 예배를 받으실 유일한 참 하나님이시라는 것을 보여 주는 것이지요. 하나님보다 위대한 분은 아무도 없답니다!

연대표

지난주 우리는 "엘리야가 이세벨을 피해 도망쳤어요"라는 성경 이야기를 들었어요. **하나님은 엘리야에게 부드럽고 조용한 소리로 자신을 드러내셨어요.** 하나님은 엘리야에게 그의 뒤를 이을 선지자로 엘리사라는 사람을 세우라고 말씀하셨지요. 열왕기하는 선지자 엘리사가 한 일과 남 유다와 북 이스라엘 왕들의 이야기를 담고 있어요.

북 이스라엘은 아람이라는 나라와 전쟁을 하고 있었어요. 전쟁에서 이긴 아람은 북 이스라엘 사람들을 끌고 가 노예로 삼았어요. 아람 군대에서 제일 높은 사령관은 나아만이라는 사람이었어요. 연대표에서 오늘의 성경 이야기를 가리킨다. 오늘의 성경 이야기를 통해 나아만이라는 사람에 대해 좀 더 자세히 배우게 될 거예요.

성경의 초점

1단원 '성경의 초점' 질문을 기억하는 사람이 있는지 한번 볼까요? 아이들의 대답을 기다린다. '성경의 초점' 질문은 **"하나님 외에 다른 신이 있나요?"** 였지요. 오늘 성경 이야기를 들으면서 이 질문의 답을 찾아보기로 해요.

성경 이야기

열왕기하 5장을 펴고, 설교 영상(지도자용 팩)을 보여 주거나 이야기 성경을 들려준다.

우와, 이야기도 놀랍고, 하나님의 능력도 놀랍군요! 성경 이야기를 들으면서 이 세상에 얼마나 많은 신이 있느냐는 질문에 대한 답을 찾았나요? 아이들의 대답을 기다린다.

고마워요! 여러분 말이 맞아요! **오직 하나님 한 분만이 우리의 예배를 받으실 참 신이세요.** 하나님은 하나님의 놀라운 능력을 나아만에게 보여 주셨어요. **하나님이 엘리사를 통해 나아만의 병을 고쳐 주셨어요.** 하나님의 능력을 경험한 나아만의 마음은 감사로 가득 찼어요. 나아만은 엘리사의 집으로 돌아갔어요. 그리고 엘리사에게 앞으로는 유일한 참 신이신 하나님만 섬기겠다고 말했지요.

유일한 참 신이신 하나님을 만난 사람의 마음은 완전히 바뀔 수밖에 없어요! 하나님이 우리를 고쳐 주실 때, 우리의 마음은 하나님을 향한 감사와 찬양으로 가득하게 되지요.

나아만은 한센병에 걸렸어요. 하지만 하나님이 엘리사를 통해 하신 말씀에 따라 요단강에서 몸을 씻었을 때 나아만의 병은 깨끗이 사라졌어요. 모든 사람은 죄라는 죽을병에 걸려 있어요. 우리는 모두 치료자가 필요해요. 우리가 예수님을 주님과 구원자로 믿을 때, 하나님은 우리의 죄를 용서하시고 우리를 고치세요.

하나님은 나아만이 좋은 일을 해서 그의 병을 고쳐 주신 것이 아니에요. 나아만도 이 땅의 모든 사람처럼 죄인이었고, 하나님의 진노를 받아 마땅한 사람이었어요. 하지만 우리가 섬기는 하나님은 우리를 불쌍하게 여기시는 은혜로운 분이세요. 하나님은 모든 사람이 하나님을 알고, 하나님과 사이가 좋아지기를 바라세요.

하나님께 가까이 갈 수 있는 유일한 방법은 예수님이 우리를 구원하신다는 것을 믿고 의지하는 것이에요. 구원은 하나님이 공짜로 주시는 선물이에요. 나아만이 아무 대가도 치르지 않고 치료를 받은 것처럼 말이에요. 예수님이 죽으시고 다시 살아나셨다는 것을 믿을 때, 하나님은 우리 죄를 용서하시고 하나님과 영원히 함께할 수 있게 해 주세요.

복/습/질/문

1. 나아만은 아람에서 무엇을 하는 사람이었나요?
   군대 장관(사령관) (왕하 5:1)
2. 나아만에게 엘리사를 소개한 사람은 누구였나요?
   북 이스라엘 땅에서 잡혀 온 어린 소녀 (왕하 5:2~3)
3. 나아만을 치료한 능력은 오직 누구에게서만 나올 수 있나요?
   하나님 (왕하 5:7)
4. 엘리사의 말을 들은 나아만은 어떻게 반응했나요?
   처음에는 화를 냈다가 엘리사의 말대로 요단강에서 일곱 번 몸을 담갔다 (왕하 5:11~14)
5. 나아만이 요단강에 가서 씻었을 때 어떤 일이 일어났나요?
   나아만의 몸이 회복되어 깨끗하게 되었다 (왕하 5:14)
6. **하나님 외에 다른 신이 있나요?**
   오직 하나님 한 분만이 우리의 예배를 받으실 참 신이세요.

복음 초청

성경과 105쪽 복음 초청 가이드를 이용해서 아이들에게 그리스도인이 되는 법을 설명해 준다. 따로 상담해 줄 사람을 정해 주고 궁금한 점이 있으면 물어보도록 격려한다.

이 시간 예수님을 마음에 모시고 싶은 친구는 함께 기도해요.

기도

하나님, 말씀을 통해 우리에게 하나님을 드러내시고, 하나님의 위대한 능력을 보여 주셔서 감사합니다. 또한 예수님을 보내셔서 우리를 죄에서 구원해 주시니 감사합니다. 우리에게 영원한 생명을 주신 것에 늘 감사하며 살 수 있도록 인도해 주세요. 예수님의 이름으로 기도합니다. 아멘.

적용

TIP 설교 도입이나 적용으로 활용하거나 영상을 본 뒤 소그룹으로 나누어 풍성한 대화를 이어 갈 수 있습니다.

혹시 감기에 걸렸던 적이 있나요? 그때 어떻게 했나요? 감기에 걸렸던 경험을 떠올리며 다음 영상을 함께 보기로 해요.

DVD 적용 예화 영상(지도자용 팩)을 보여 준다.

카를로스의 엄마는 카를로스의 감기를 치료하기 위해 왜 아무것도 할 수 없었을까요? 아이들의 대답을 기다린다. 사실 감기를 낫게 하는 약은 아직 없어요. 우리가 먹는 감기약은 콧물이나, 목 아픔, 열과 같은 감기 증상을 없애기는 하지만, 감기 자체를 낫게 해 주지는 못한답니다.

하나님은 지금도 사람들의 병을 고쳐 주실까요? 만약 어떤 사람이 아픈데도 하나님이 고쳐 주시지 않는다면, 하나님은 그 사람을 돌보지 않으시는 것일까요? 아이들의 대답을 기다린다. 하나님은 우리가 아플 때 우리를 돌보신다는 사실을 알고 있나요? 하나님은 사람들의 병을 낫게 하실 수 있지만, 늘 그렇게 하시지는 않는답니다. 우리는 그 이유를 이해하지 못할 수도 있어요.

하지만 아시나요? 예수님은 우리를 죄에서 구원하시기 위해 십자가에서 죽으셨다는 사실을요. 예수님을 우리의 주님과 구원자로 믿고 의지할 때 하나님은 우리 죄를 용서하시고 우리를 치료하신답니다.

가스펠 소그룹
(10~20분)

 나침반

주거니 받거니

준비물 1단원 암송(127쪽)

① 아이들을 두 팀으로 나누고, 서로 마주 보게 세운다.

② 1단원 암송을 보여 준다. 한 팀이 암송 구절의 첫 어절을 말하면, 다른 팀은 그다음 어절을 말하는 식으로 번갈아가며 암송 구절 전체를 말하게 한다.

③ 아이들이 어느 정도 외운 것 같으면, 어느 팀이 더 빨리 한 어절씩 암송할 수 있는지 대결을 벌인다.

— 정말 잘했어요! 하나님의 말씀을 외우는 것은 하나님이 우리에게 주신 약속을 기억하도록 도와줘요. 이번 주에도 히브리서 1장 1~2 상반절을 계속 연습해 보세요!

 보물 지도

명령하면!

준비물 성경

① 두 사람씩 짝을 짓고, 팀 이름을 정하라고 한다.

② 아이들에게 성경에서 열왕기하 5장을 찾으라고 한다.

③ 인도자가 문제를 내면 아는 사람은 일어나 팀의 이름을 외치라고 한다.

④ 팀의 이름을 정확히 외친 아이에게 문제를 맞힐 기회를 준다.

⑤ 정답을 맞히면 1점을 주고, 틀리면 다른 팀에게 정답을 말할 기회를 준다.

— 오늘의 성경 이야기를 통해 우리는 하나님의 능력을 보았어요. 여러분이 얼마나 기억하고 있는지 한번 확인해 볼까요? 제가 여러분에게 복습 질문을 던지면, 답을 아는 사람은 자리에서 재빨리 일어나 팀 이름을 외치세요.

1 나아만은 어느 나라 군대의 사령관이었나요? 아람 (왕하 5:1)

2 열왕기하 5장에 등장하는 북 이스라엘의 선지자는 누구인가요?
엘리사 (왕하 5:8)

3 나아만을 치료한 능력은 오직 누구에게서만 나올 수 있나요?
하나님 (왕하 5:7)

4 엘리사는 나아만에게 어떻게 하라고 했나요?
요단강에 가서 7번 씻으라고 했다 (왕하 5:10)

5 나아만이 강에 가서 씻자 어떤 일이 일어났나요?
나아만의 몸이 회복되어 깨끗하게 되었다 (왕하 5:14)

6 하나님 외에 다른 신이 있나요?
오직 하나님 한 분만이 우리의 예배를 받으실 참 신이세요.

— 모두 참 잘했어요! 나아만은 요단강에 가서 몸을 씻는 일이 마음에 들지 않았어요. 하지만 그대로 따르자 어떤 일이 일어났나요? 맞아요, **하나님이 엘리사를 통해 나아만의 병을 고쳐 주셨어요!**

 탐험하기

숨은 그림을 찾아요!

준비물 학생용 교재 12쪽, 연필

① 아이들과 함께 나아만이 하나님의 말씀에 따라 요단강에 몸을 7번 씻은 이야기를 나눈다.

② 그림 속에 숨겨진 물건 6개를 찾아 ○표 해 보라고 한다.

— 엘리사는 나아만에게 요단강에 가서 일곱 번 몸을 씻으라고 말했어요. 나아만이 그 말에 순종하자 하나님은 나아만의 한센병을 고쳐 주셨어요! 자신을 그렇게 쉽고 완벽하게 고치는 분은 하나님 한 분밖에 없었기 때문에, 나아만은 이제 하나님을 섬기기로 했어요. 우리가 예수님을 믿고 의지할 때, 하나님은 우리의 죄를 완전히 용서하세요. 유일하신 참 하나님만이 그렇게 하실 수 있어요.

나아만의 병이 나았어요!

준비물 학생용 교재 13쪽, 연필, 성경

① 성경에서 열왕기하 5장을 찾아 함께 읽는다.

② 빈칸에 알맞은 단어를 보기에서 찾아 문장을 완성해 보라고 한다.

③ 완성한 문장을 함께 읽는다.

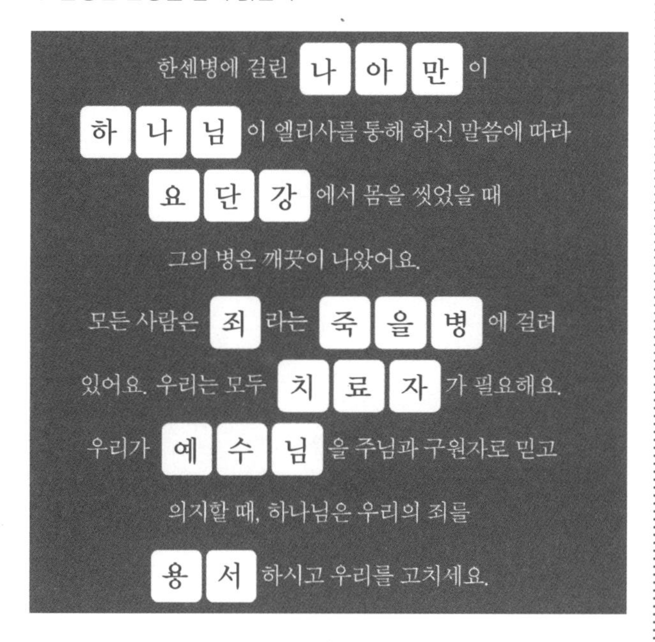

— 나아만의 병이 깨끗이 나았어요. 하나님이 나아만을 불쌍히 여기시고 병을 치료해 주셨어요. 우리는 모두 죄인이에요. 죄 때문에 우리는 아파하고 힘들어하며, 크고 작은 문제들을 겪어요. 하나님은 예수님을 우리에게 보내 주셨어요. 예수님을 믿을 때, 하나님은 우리의 모든 병을 고치시고 우리를 위로해 주세요.

치료 술래잡기*

① 아이 중에 술래와 치료자를 한 명씩 정한다.

② 아이들에게 술래에게 잡힌 사람은 팔을 앞으로 뻗고 가만히 서 있어야 한다고 말해 준다.

③ 치료자가 팔을 뻗고 있는 사람에게 "치료"라고 외치면서 손을 대면 그 사람은 다시 움직일 수 있다고 말해 준다.

④ 시간이 남으면, 술래와 치료자를 바꾸어 놀이를 계속한다.

— 한센병을 고치기 위해 나아만은 어떻게 했나요? (요단강에 가서 몸을 일곱 번 씻었어요) 요단강에 나아만의 병을 고칠 만한 무슨 특별한 성분이 있었나요? (아니오) 누가 나아만의 병을 고쳤나요? **(하나님이 나아만의 병을 고쳐 주셨어요)**

하나님은 나아만에게는 그럴 만한 자격이 없었는데도 그에게 하나님의 능력과 사랑을 보여 주셨어요. 나아만은 **오직 하나님 한 분만이 우리의 예배를 받으실 참 신**이시라는 것을 알게 되었어요. 나아만의 피부에 있는 상처와 흉터들을 지우면서, 예수님도 우리의 죄를 그렇게 깨끗이 닦아 주신다는 것을 생각해 보세요. 예수님은 이 땅에 오셔서 완전한 삶을 사셨어요. 아무런 죄도 짓지 않으셨지요. 예수님은 죄인인 우리를 대신해 완전한 희생 제물이 되어 십자가에서 죽으셨어요. 예수님을 믿고 의지하면, 하나님은 우리의 죄를 깨끗이 용서하세요.

보물 상자

나만의 기록장

준비물 학생용 교재 14쪽, 연필

아이들에게 사랑하는 사람 중에 아픈 사람이 있거나 하나님을 믿지 않는 사람이 있는지 생각해 보게 하고, 그 사람을 위한 기도문을 써 보라고 한다. 아픈 사람이 있다면 병을 고쳐 달라고 기도하거나, 예수님을 믿지 않는 사람이 있다면 예수님을 믿고 하나님에게 모든 것을 맡기는 사람이 되게 해 달라고 기도한다.

— 하나님은 아픈 사람을 돌보세요. 그리고 병을 낫게 하실 수 있어요! 우리의 삶에 놀라운 기적을 일으키시는 하나님께 감사 기도를 드리기로 해요.

메시지 카드

이번 주 메시지 카드로 부모님과 함께 오늘 배운 성경 이야기를 나누어 보라고 한다.

기도

하나님, 몸과 마음이 아픈 사람들과 하나님을 찾는 사람들을 모른 척하지 않으셔서 감사합니다. 나아만이 병을 고치고 하나님을 알게 된 것처럼, 우리 주변에 있는 아픈 사람들과 하나님을 모르는 사람들이 하나님을 경험하고 하나님을 믿게 되기를 원합니다. 우리가 상상할 수 없을 만큼 큰 능력을 가지신 하나님을 신뢰합니다. 예수님의 이름으로 기도합니다. 아멘.

4

하나님이 이사야를 부르셨어요

사 6장

단원 암송

옛적에 선지자들을 통하여 여러 부분과 여러 모양으로 우리 조상들에게 말씀하신 하나님이 이 모든 날 마지막에는 아들을 통하여 우리에게 말씀하셨으니(히 1:1~2상).

성경의 초점

하나님 외에 다른 신이 있나요? 오직 하나님 한 분만이 우리의 예배를 받으실 참 신이세요.

본문 속으로

남 유다왕 웃시야의 죽음으로 이스라엘 남쪽 왕국의 한 시대가 끝났습니다. 그의 통치 기간은 길었으며, 그가 다스리는 동안 남 유다는 번영했습니다. 웃시야는 16세에 왕이 되어 52년 동안 남 유다를 다스렸습니다.

웃시야는 스가랴 선지자의 가르침에 귀를 기울였습니다. 그는 하나님을 두려워했고, 하나님은 그를 축복하셨습니다. 하지만 웃시야는 교만에 빠지고 말았습니다(대하 26:16 참조). 하나님은 웃시야를 한센병에 걸리게 하셨고, 결국 그는 죽었습니다.

웃시야가 남 유다를 다스리는 동안, 하나님의 백성은 하나님의 약속을 버리고 그들을 둘러싼 세상의 약속을 의지했습니다. 하나님은 아브라함의 자손을 통해 온 세상에 복을 주겠다고 약속하셨지만, 하나님의 백성은 하나님께 반역했습니다. 그들은 하나님의 복이 아니라 하나님의 심판을 자초한 것입니다.

그럼에도 하나님의 계획과 약속은 무산되지 않았습니다. 하나님은 이사야 선지자를 보내 소망의 메시지를 선포하셨습니다. 하나님은 심판을 통해 자기 백성을 바로잡으실 것이지만, 그 목적은 그들에게 은혜를 베풀고 그로써 영광을 받으시는 것이었습니다. 하나님은 세상에 구원을 가져다줄 메시아를 보낼 계획을 갖고 계셨습니다.

이사야 6장은 성전에서 예배드리는 이사야의 모습으로 시작합니다. 하나님은 이사야에게 환상을 보여 주셨습니다. 이사야는 보좌에 앉아 계신 하나님을 보았습니다. 웃시야가 죽은 해에 하나님은 보좌에 앉아 우주를 다스리고 계셨습니다. 거룩하신 하나님의 위엄은 이사야로 하여금 그의 죄가 얼마나 크고 중한지를 깨닫게 했습니다. 그의 반응은 어떠했을까요? 바로 이렇게 말했습니다. "화로다 나여 망하게 되었도다"(사 6:5).

●● 티칭 포인트

아이들이 이사야에게 베푸신 하나님의 은혜에 주목하게 도와주십시오. 그리고 그 은혜가 오늘날 우리에게 예수님을 통해서 전해졌음을 연결해 주십시오. 하나님은 이사야에게 은혜를 베푸셨습니다. 이사야의 죄를 없애 주셨습니다. 하나님이 이사야의 죄를 용서하신 것은 그의 죗값을 치르기 위해 예수님을 보내실 것이기 때문이었습니다. 예수님은 십자가의 죽음으로 우리 죄의 대가를 지불하셨습니다. 예수님을 믿는 사람들의 과거, 현재, 미래의 죄까지 말입니다. 우리가 예수님을 믿고 의지하면 하나님은 이사야에게 들려주셨던 것과 같은 말씀을 우리에게도 들려주십니다. "네 악이 제하여졌고 네 죄가 사하여졌느니"(사 6:7).

주 제

이사야가 영광 중에 계신 거룩하신 하나님을 보았어요.

가스펠 링크

하나님이 얼마나 거룩한 분인지 알게 되면 우리의 죄가 얼마나 큰지 깨닫게 되어요. 하나님은 우리의 죄를 없애기 위해 아들이신 예수님을 보내셨어요. 우리의 구원은 오직 예수님 안에만 있어요.

하나님이 이사야를 부르셨어요 사 6장

솔로몬이 죽은 후 이스라엘은 북 이스라엘과 남 유다 두 나라로 나뉘었어요. 각 나라 백성은 자기 왕들이 자신들을 지켜 주고 돌보아 주기를 바랐어요. 그 당시는 아시리아라는 힘 센 나라가 주변 나라에 세력을 넓히고 있었기 때문이에요.

남 유다를 다스리던 웃시야는 좋은 왕이었어요. 백성은 안전하다고 느꼈지요. 하지만 웃시야왕이 죽자 사람들은 걱정과 두려움에 빠졌어요.

웃시야왕이 죽던 해에, 이사야 선지자는 성전에서 하나님께 예배를 드리다가 환상을 보았어요. 하나님이 높은 보좌에 앉아 계셨어요. 하나님의 옷은 길었고, 그 옷자락은 성전을 가득 채우고 있었지요. 스랍이라는 천사들이 하나님의 위쪽에 있었는데, 그들에게는 날개가 6개씩 있었어요. 스랍들은 "거룩하시다! 거룩하시다! 거룩하시다! 만군의 여호와여! 그분의 영광이 온 땅에 가득하시다!"라고 외쳤어요.

그들이 외치는 소리에 기둥들이 흔들렸고, 성전은 연기로 가득 찼어요. 이사야는 하나님 앞에 있었어요! 그는 "아! 내게 재앙이 있겠구나! 내가 죽게 되었구나! 나는 입술이 더러운 사람인데, 입술이 더러운 사람들 사이에 내가 살고 있는데, 내 눈이 왕이신 만군의 하나님을 보았으니!"라고 말했어요.

스랍들 가운데 하나가 이사야에게 날아왔어요. 스랍은 제단에서 꺼낸 뜨거운 숯을 손에 들고 있었어요. 그는 숯을 이사야의 입에 대며 "이 숯이 너의 입술에 닿았으니 너의 악은 사라지고, 너의 죄는 사해졌다"라고 말했어요.

이사야는 하나님이 말씀하시는 음성을 들었어요. "내가 누구를 보낼까? 누가 우리를 위해 갈까?" 이사야는 "제가 여기 있습니다. 저를 보내십시오!"라고 말했어요. 하나님은 이사야에게 "가라"라고 말씀하셨어요.

하나님은 백성에게 전할 중요한 말씀을 이사야에게 주셨어요. "듣기는 들어도 너희는 깨닫지 못할 것이다. 보기는 보아도 너희는 깨닫지 못할 것이다. 이 백성의 마음을 둔하게 하고 귀를 어둡게 하고 눈을 감기게 하여라. 그들이 눈으로 보고 귀로 듣고 마음으로 깨닫고 돌아와 치료를 받을까 걱정이다."

이사야는 "하나님, 언제까지입니까?"라고 하나님께 물었어요. 하나님은 "성읍들이 황폐해져 아무도 살지 않을 때까지, 사람을 멀리 쫓아 보내 그 땅 가운데에 버려진 곳이 많을 때까지다"라고 말씀하셨어요.

하지만 하나님은 백성 중 일부를 남겨둘 것이라고 말씀하셨어요. 이 사람들은 아브라함의 자손들이었어요. 하나님은 이들을 통해 아브라함에게 주신 약속을 지키셨어요. 메시아를 그들의 자손으로 보내 모든 나라의 복이 되게 하셨어요.

●● 가스펠 링크

이사야는 환상을 통해 하나님의 영광을 보고 자신의 죄를 깨달았어요. 하나님은 이사야의 죄를 용서해 주셨어요. 우리도 이사야처럼 하나님이 얼마나 거룩한 분인지 알게 되면 우리의 죄가 얼마나 큰지 깨닫게 되어요. 하나님은 우리의 죄를 없애기 위해 아들이신 예수님을 보내셨어요. 우리의 구원은 오직 예수님 안에 있어요.

가스펠 준비
(10~20분)

환영

도착하는 아이들을 반갑게 맞이하고 헌금, 출석, QT 등을 확인하며 격려한다. 새 친구가 있다면 소개한다. 편안한 분위기에서 안부를 물으며 오늘의 말씀과 관련된 화제로 이야기를 나눈다. 아이들에게 지금까지 본 가장 놀라운 자연 풍경은 무엇인지 물어본다. 자발적으로 대화에 참여하도록 이끈다.

예) "자연을 보면서 놀라웠던 적이 있나요?", "동물이나 벌레를 보면서 신기했던 적이 있나요?", "하늘이나 바다를 보면 어떤 느낌이 들었나요?" 등.

— 누구나 살면서 멋지고 놀라운 자연 풍경들을 보게 되어요. 하지만 그 어떤 것도 하나님의 영광에는 비교할 수 없답니다. 오늘 우리는 성경 이야기를 통해 이사야 선지자가 하나님을 만난 일을 배우게 될 거예요. 하나님의 거룩하심에 꼼짝 못하게 된 이사야는 땅에 엎드려 하나님께 절하는 것 말고는 아무것도 할 수 없었어요.

마음 열기

거룩으로 점프! 점프! *

준비물 마스킹 테이프, 라벨지, 매직, '숯'이라고 쓴 볼풀공

① 마스킹 테이프로 수평이 되게 긴 선을 표시한다. 두 선의 간격을 50~70cm 또는 자유롭게 설정한다.

② 두 선 중에 하나는 '출발', 또 다른 선은 '거룩'이라고 라벨지에 적어 선 옆에 표시한다.

③ 아이들에게 '출발'선에 서서 제자리 멀리 뛰기로 '거룩' 선 건너편으로 뛰게 한다. 안전하게 건너편에 도착하면 "하나님은 거룩하시다"라고 외치고 옆으로 나가 앉게 한다.

④ '거룩' 선 건너편까지 도달하지 못한 아이들은 "화로다"를 외치며 그 자리에 앉아 있게 한다.

⑤ 모두 뛰기를 마치면 인도자는 '숯'이라고 쓴 볼풀공을 선 가운데 앉아 있는 아이들의 입술에 대며, "너의 죄는 사해졌다"라고 말해 준다.

— 오늘의 성경 이야기에서 이사야는 자신이 거룩하신 하나님 앞에 서 있다는 것을 알게 되었어요. 그는 "화로다, 나여! 망하게 되었구나!"라고 외쳤어요. 왜 그렇게 외쳤는지 함께 알아보기로 해요.

같은 점 vs 다른 점 *

준비물 종이, 연필, 생활 도구

① 집이나 학교에서 일상적으로 쓰는 물건들을 준비한다.

예) 숟가락, 책, 시계, 수건, 연필, 베개, 기타 등.

② 한 번에 3~4개의 물건을 보여 준다.

③ 아이들에게 방금 보여 준 물건들의 공통점이 무엇인지 종이에 써 보라고 한다.

④ 물건들의 차이점도 써 보라고 한다.

⑤ 아이들에게 자신이 쓴 것들을 이야기해 보라고 한다.

⑥ 다른 물건들을 보여 주며 같은 방식으로 게임을 반복한다.

— 와, 공통점과 차이점을 엄청 잘 찾아냈어요! 오늘 성경 이야기는 하나님을 "거룩하시다! 거룩하시다! 거룩하시다!"라고 말해요. '거룩하다'라는 말은 성경에서 '구별되다'라는 뜻으로 쓰여요. 하나님은 우리와 어떻게 다르실까요? 함께 알아보기로 해요!

들어가기

준비물 흰색 실험 가운, 과학 관련 책 여러 권, 책상 또는 의자

실험 가운을 입고, 책더미를 들고 들어온다. 들고 온 책을 교실 앞쪽에 있는 책상 위에 철퍼덕 내려놓는다.

안녕하세요, 여러분! 신나는 모험을 위해 우리 실험실을 다시 찾아주셔서 감사합니다! 우리는 하나님의 말씀을 살펴보면서 하나님만이 우리의 예배를 받으실 유일한 참 하나님이시라는 증거들을 찾고 있어요.

지난 몇 주간 우리는 훌륭한 과학자들이 사용하는 연구 방법에 대해 배웠어요. 혹시 기억하나요? 아이들의 대답을 기다린다. 맞아요! 훌륭한 과학자라면 누구나 자신을 둘러싼 세상을 관찰하고, 질문을 던지고, 실험한 다음, 증거를 바탕으로 결론을 내리지요.

사실 우리가 아무리 하나님의 말씀을 연구하고 증거들을 많이 찾는다고 해도, 하나님에 대해 모든 것을 알 수는 없어요. 하나님은 하나님에 대해 가르쳐 주실 것들을 더 많이 갖고 계시거든요!

하나님에 대해 새로운 사실을 알게 되면, 사람은 변하게 되어요. 오늘 우리는 이사야라는 한 선지자를 만나게 될 거예요. 환상 속에서 하나님을 만난 뒤 이사야의 삶은 송두리째 바뀌었답니다!

연대표

엘리야가 악한 아합을 꾸짖었어요

엘리야가 이세벨을 피해 도망쳤어요

하나님이 나아만을 고쳐 주셨어요

하나님이 이사야를 부르셨어요

우리는 계속해서 열왕기상과 열왕기하의 이야기들을 배우고 있어요. 이 책들에는 북 이스라엘과 남 유다의 왕들에 관한 이야기와 하나님이 보내신 선지자들의 이야기가 담겨 있지요.

남 유다에는 웃시야라는 왕이 있었는데, 좋은 왕이었어요. 연대표에서 오늘의 성경 이야기를 가리킨다. 오늘의 성경 이야기는 웃시야왕이 죽은 직후를 배경으로 하고 있어요.

성경의 초점

여러분 기억하고 있나요? 우리는 지금 계속해서 **"하나님 외에 다른 신이 있나요?"** 라는 질문에 대한 답을 찾고 있어요. 이 질문의 답이 무엇이었는지 기억하는 사람 있나요? 아이들의 대답을 기다린다. 맞아요! **오직 하나님 한 분만이 우리의 예배를 받으실 참 신이세요.** 오늘의 성경 이야기를 들으면서 이 대답을 뒷받침해줄 만한 증거들이 있는지 잘 살펴보면 좋겠어요.

성경 이야기

DVD 이사야 6장을 펴고, 설교 영상(지도자용 팩)을 보여 주거나 이야기 성경을 들려준다.

정말 놀라운 이야기군요! 성경 이야기를 들으면서 **오직 하나님 한 분만이 우리의 예배를 받으실 참 신**이라는 증거를 찾았나요? 아이들의 대답을 기다린다.

이사야가 영광 중에 계신 거룩하신 하나님을 보았어요. 그리고 이 일은 이사야의 삶을 송두리째 바꾸어 놓았지요. 하나님에 대해 새로운 사실을 알게 되자 그의 생각이 바뀌었고, 자신이 얼마나 큰 죄인인지를 깨달았어요.

하나님은 이사야의 죄를 용서하셨어요. 우리도 이사야처럼 하나님이 얼마나 거룩하신 분인지 알게 되면, 우리의 죄가 얼마나 큰지 깨닫게 되어요. 하나님은 우리의 죄를 없애기 위해 아들이신 예수님을 보내셨어요. 우리의 구원은 오직 예수님 안에만 있답니다.

복 / 습 / 질 / 문

1 이사야는 환상으로 무엇을 보았나요?

높은 보좌에 앉으신 하나님을 보았다 (사 6:1)

2 큰 소리로 하나님을 찬양한 것은 무엇이었나요?

스랍들 또는 천사들 (사 6:2~3)

3 하나님을 만난 이사야는 무엇이라고 말했나요?

"화로다 나여 망하게 되었도다" (사 6:5)

4 스랍 중 하나가 이사야의 입에 무엇을 대었나요?

제단에서 가져온 숯 (사 6:6)

5 하나님은 이사야에게 무엇을 하라고 하셨나요?

이스라엘 백성에게 하나님의 말씀을 전하라고 하셨다 (사 6:9)

6 하나님 외에 다른 신이 있나요?

오직 하나님 한 분만이 우리의 예배를 받으실 참 신이세요.

찬양

나의 주 하나님

하나님 유일하신 주 그분의 백성 구원하실
그 누구도 할 수 없는 일 영광과 능력 보이셨네
신실한 하나님 사랑 만백성을 위해 보이셨네
언제나 변함없으신 사랑의 구주 나의 하나님

어제나 오늘이나 영원토록 변함 없는
놀라운 주의 은혜 그 무엇도 바꿀 수 없는
하나님 나의 사랑 나는 하나님 사랑
Jesus my love forever

예수님 나의 구원자 하나님 아들 이 땅에 오신
그 누구도 할 수 없는 일 날 위해 대신 죽으셨네
십자가에 못박히시고 다시 부활하신 나의 주님
나를 부르시는 사랑의 구주 나의 예수님

어제나 오늘이나 영원토록 변함 없는
놀라운 주의 은혜 그 무엇도 바꿀 수 없는
예수님 나의 사랑 나는 예수님 사랑
Jesus my love forever.

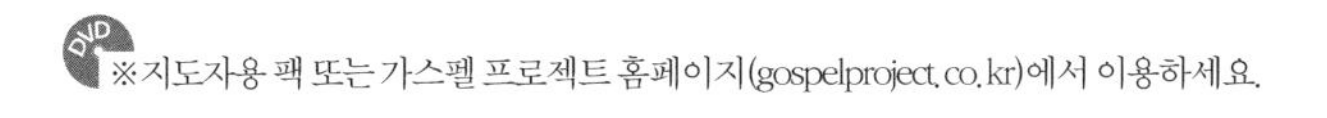

복음 초청

성경과 105쪽 복음 초청 가이드를 이용해서 아이들에게 그리스도인이 되는 법을 설명해 준다. 따로 상담해 줄 사람을 정해 주고 궁금한 점이 있으면 물어보도록 격려한다.

이 시간 예수님을 마음에 모시고 싶은 친구는 함께 기도해요.

기도

하나님, 하나님을 알게 해 주셔서 감사합니다. 그리고 우리를 변화시켜 주셔서 감사합니다. 앞으로도 하나님을 더욱 알 수 있도록 도와주세요. 그래서 하나님과 더 가까워질 수 있도록 우리를 인도해 주세요. 예수님의 이름으로 기도합니다. 아멘.

적용

TIP 설교 도입이나 적용으로 활용하거나 영상을 본 뒤 소그룹으로 나누어 풍성한 대화를 이어 갈 수 있습니다.

이사야는 자신이 하나님 앞에 설 자격이 없는 사람이라는 것을 알았어요. 혹시 여러분도 아무 준비 없이 중요한 모임에 간 적이 있나요? 그때를 생각하며 영상을 함께 보아요.

적용 예화 영상(지도자용 팩)을 보여 준다.

제이컵의 문제는 무엇이었는지 함께 이야기해 본다. 제이컵은 왜 파티에 갈 준비가 되지 않았는지 물어 본다. 아이들과 함께 비슷한 경험이 있었는지 이야기를 나누어 본다. 준비가 되지 않았다거나, 필요한 자격을 갖추지 못했다고 느꼈던 적이 있었는지, 부족한 것을 어떻게 알았는지 이야기해 본다.

거룩하신 하나님은 죄와 함께하실 수 없는 분이에요. 예수님이 없다면, 우리는 하나님과 함께 있을 수 없어요. 예수님은 우리의 죄를 없애고 자신의 의를 우리에게 주시기 위해 이 땅에 오셨어요. 우리가 죄인인 것을 깨닫고 예수님을 의지하면, 하나님은 우리의 죄를 용서하시고 영원한 생명을 주세요. 우리는 하나님과 영원히 함께할 수 있어요.

가스펠 소그룹
(10~20분)

 나침반

문장을 만들어라!

준비물 1단원 암송(127쪽), 색인 카드, 연필

① 색인 카드에 암송 구절을 어절 단위로 써 둔다. 아이들의 수가 많다면 여러 세트를 준비한다.

② 카드를 섞고, 아이들에게 암송 구절을 순서대로 정리하게 한다.

③ 정리 후 다 같이 확인하고, 1단원 암송을 함께 읽는다.

④ 시간이 남으면 게임을 반복한다.

 보물 지도

참일까? 거짓일까?

준비물 색인 카드 크기로 자른 색 도화지(빨간색, 초록색 각 아이당 한 장씩), 성경

① 아이들에게 성경에서 이사야 6장을 찾아보라고 한다. 도움이 필요한 아이들은 성경의 목차를 보고 찾을 수 있도록 도와준다.

— 이사야 6장은 이사야가 환상으로 하나님을 만난 일을 다루고 있어요. **이사야가 영광 중에 계신 거룩하신 하나님을 보았어요.** 여러분이 성경 이야기를 얼마나 기억하고 있는지 한번 볼까요?

② 아이들에게 빨간색 종이와 초록색 종이를 한 장씩 나누어 준다.

③ 성경 이야기에 해당하는 문장을 읽는다.

④ 아이들에게 문장이 참이면 초록색 카드를, 거짓이면 빨간색 카드를 들라고 한다.

⑤ 정답을 잘 찾지 못하면 관련된 성경 구절을 일러 준다.

1 이사야 선지자는 환상으로 하나님을 만났어요. 참 (사 6:1)

2 이사야의 환상 속에서 웃시야왕이 높은 보좌에 앉아 있었어요.
거짓, 보좌에 앉아 계셨다 (사 6:1)

3 스랍들은 소리 높여 하나님을 찬양했어요. 참 (사 6:2~3)

4 하나님을 만난 이사야는 "나는 하나님처럼 완벽해!"라고 말했어요. 거짓, "화로다, 나여! 망하게 되었도다!"라고 말했다 (사 6:5)

5 스랍 중 하나가 뜨거운 숯을 가져와 이사야의 입술에 대었어요.
참 (사 6:6)

6 하나님은 이사야에게 이스라엘 백성이 듣지 않더라도 유일하신 참 하나님의 말씀을 외치라고 하셨어요. 참 (사 6:9)

7 세상에는 많은 참된 신이 있어요.
거짓, **오직 하나님 한 분만이 우리의 예배를 받으실 참 신이세요.**

— 참 잘했어요! 오늘 성경 이야기에서 **이사야가 영광 중에 계신 거룩하신 하나님을 보았어요.** 자신의 죄를 깨달은 이사야는 두려움에 떨었지만, 하나님은 그의 죄를 없애 주셨어요. 죄는 우리를 하나님에게서 멀어지게 해요. 하지만 하나님은 예수님의 죽음과 부활을 통해 우리 죄를 없애 주셨어요.

 탐험하기

이사야의 부르심

준비물 학생용 교재 16쪽, 연필, 성경

① 아이들에게 성경에서 이사야 6장을 찾아보라고 한다.

② 성경을 참고해 빈칸에 알맞은 답을 찾아 넣어 보라고 한다.

③ 함께 정답을 확인해 본다.

1 이사야는 언제 환상을 보게 되었나요? (사 6:1)
웃시야왕이 죽던 해에

2 이사야는 보좌에 앉아 계신 하나님을 보았어요. (사 6:1)

3 스랍의 날개는 몇 개인가요? (사 6:2) 6개

4 스랍들은 하나님이 거룩하시다 고 말했어요. (사 6:3)

5 스랍들은 하나님의 영광이 온 땅에 가득하다고 말했어요. (사 6:3)

6 한 스랍이 이사야의 입에 숯을 갖다 대었어요. (사 6:6~7)

7 하나님은 이사야의 죄를 용서하셨어요. (사 6:7)

8 이사야는 하나님의 어떤 말씀을 들었나요? (사 6:8) 내가 누구를 보내며 누가 우리를 위하여 갈꼬?

— **이사야가 영광 중에 계신 거룩하신 하나님을 보았어요.** 스랍들이 증거하는 하나님은 이사야가 똑바로 쳐다볼 수 없을 만큼 거룩하신 분이세요. 이사야의 고백처럼 하나님 앞에서 깨끗한 사람은 한 명도 없어요. 하지만 하나님은 이사야의 죄를 용서하시고 이사야가 본 하나님의 영광에 대해 백성에게 전하기를 원하셨어요. 하나님은 이사야뿐만 아니라 우리의 죄도 아들이신 예수님을 통해 용서해 주세요. 우리 죄가 용서받을 때 우리는 복음을 기쁨으로 전할 수 있게 돼요.

거룩, 거룩, 거룩!

준비물 학생용 교재 17쪽, 연필

① 이사야가 영광 중에 계신 하나님을 본 장면을 아이들과 함께 이야기한다.

② 스랍들이 "거룩하다! 거룩하다! 거룩하다!" 라고 외치며 하나님을 찬양했다는 것을 알려 준다.

③ 교재에 있는 그림에서 'N' 모양으로 쓰여 있는 단어 '거룩하다'를 3개 찾아 보라고 한다.

거	하	하	룩	거	다
다	룩	거	하	하	룩
다	거	룩	다	다	하
룩	다	거	룩	하	다
하	룩	하	다	거	룩
거	다	하	거	거	하
거	하	다	하	룩	다
룩	다	거	다	하	거

— 스랍들은 "거룩하시다!" 라고 외치며 하나님을 찬양했어요. 이사야는 자신이 죄인이라는 사실을 잘 알았기 때문에 하나님을 대면하는 것이 두려웠어요. 하지만 하나님이 그의 죄를 없애 주셨어요. 죄는 우리를 하나님에게서 멀어지게 해요. 하지만 하나님은 예수님을 보내셔서 우리를 대신해 십자가에서 죽게 하시고 다시 살아나게 하셨어요. 그렇게 우리의 죄를 없애 주셨어요. 함께 거룩하신 하나님을 찬양해요.

숯 전달하기 *

준비물 검은색지, 젓가락

① 검은 색지를 구겨 '숯' 모양을 만든다.

② 아이들을 두 팀으로 나누고, 젓가락을 나누어 준다.

③ 젓가락으로 숯을 집는 시범을 보여 준다.

④ 각 팀을 한 줄로 세운 뒤, 맨 앞에 선 아이에게 숯을 준다.

⑤ 손은 사용할 수 없으며, 젓가락만으로 숯을 줄의 맨 끝까지 먼저 전달한 팀이 이긴다.

— **이사야가 영광 중에 계신 거룩하신 하나님을 보았어요.** 하나님의 완전하심을 본 이사야는 자신의 죄로 인해 절망에 빠졌어요. 자신은 하나님 앞에 설 수 없는 사람이라는 것을 깨닫게 된 것이지요. 하나님은 죄를 참지 않으세요. 하지만 하나님은 죄인인 우리가 하나님께 용서받을 수 있는 길을 열어 주셨어요. 성경 이야기를 보면, 스랍 중 하나가 이사야에게 날아와서 뜨거운 숯을 입에 대고는 그의 죄가 용서받았다고 말하는 장면이 나와요. 예수님을 믿을 때 하나님은 우리 죄를 용서하세요. 우리가 어떤 일을 해서 하나님의 용서를 얻어 내는 것이 아니에요. 하나님은 예수님을 믿는 사람이면 누구에게나 구원을 베푸세요. 예수님은 십자가에서 죽으실 때, 우리가 마땅히 받아야 할 죄의 대가를 대신 지셨어요. 그리고 죽은 자들 가운데서 다시 살아나실 때 죄를 완전히 이기셨어요!

보물 상자

나만의 기록장

준비물 학생용 교재 18쪽, 연필

아이들에게 하나님이 어떤 일을 시키시기 위해 그들을 부르시는 것 같은지, 또는 하나님의 말씀을 전하기 위해 어디로 보내고 싶어 하실지 글로 적어 보라고 한다.

메시지 카드

이번 주 메시지 카드로 부모님과 함께 오늘 배운 성경 이야기를 나누어 보라고 한다.

기도

영광 중에 계시는 거룩하신 하나님, 하나님의 완전하심을 찬양합니다. 이사야가 하나님 앞에서 자신의 죄를 깨달은 것처럼 우리도 하나님 앞에서 죄인임을 고백합니다. 예수님을 통해 우리를 용서해 주셔서 감사합니다. 그리고 하나님의 놀라운 계획을 이루시는 데 우리가 함께하게 해 주셔서 감사합니다. 사람들에게 하나님의 말씀을 전할 수 있도록 도와주세요. 예수님의 이름으로 기도합니다. 아멘.

5

이사야가 메시아에 대해 외쳤어요

사 53장

단원 암송

옛적에 선지자들을 통하여 여러 부분과
여러 모양으로 우리 조상들에게
말씀하신 하나님이 이 모든 날
마지막에는 아들을 통하여 우리에게
말씀하셨으니(히 1:1~2상).

성경의 초점

하나님 외에 다른 신이 있나요?
오직 하나님 한 분만이 우리의 예배를
받으실 참 신이세요.

본문 속으로

이사야서에는 '하나님의 종이 부르는 노래'라는 시가 네 편 실려 있습니다(사 42:1~4, 49:1~6, 50:4~9, 52:12~53:13 참고). 이사야 선지자는 이 시들에서 하나님의 구속 계획을 기술했습니다. 이를 통해 우리는 약속의 메시아의 모습을 보게 됩니다. 죄가 없으신 그분은 죄인들을 위해 고난을 받으실 대속물입니다. 하나님은 예수님을 통해 죄인들이 다시 하나님께 돌아오게 하십니다.

마지막 종의 노래는 이사야 53장에 나옵니다. 여기서 이사야는 다음의 질문에 대한 답을 줍니다. "공의의 하나님이 어떻게 경건하지 못한 자를 의롭다고 하시는가? 하나님이 어떻게 죄 있는 자를 죄 없다고 하시는가? 하나님이 어떻게 나쁜 사람을 선한 사람처럼 대하시는가? 하나님이 어떻게 우리 같은 사람을 사랑하시는가?"

공의의 하나님은 죄를 모른 척하실 수 없습니다. 하나님은 그저 "걱정하지 마"라거나 "별거 아니야"라고 말씀하시지 않습니다. 그것은 값싼 은혜입니다. 하나님께 죄를 짓는 것은 큰일입니다. 하나님은 우리 죄를 그냥 용서하시지 않았습니다. 그 대가를 톡톡히 치르셨습니다. 그 대가는 하나님의 아들이었습니다. 하나님의 은혜는 아주 값비싼 은혜입니다.

예수님은 이사야가 말한 고난받는 종의 예언을 성취하셨습니다. 사람들은 고난받는 종이 하나님의 저주를 받은 것이며, 자신의 죄 때문에 고난받는다고 여겼습니다. 하지만 예수님은 죄가 없으셨습니다. 그렇다면 예수님은 왜 고난받으셨을까요?

이사야는 예수님이 찔리신 것은 우리의 허물 때문이고, 그분이 상하신 것은 우리의 죄악 때문이라고 했습니다. 예수님이 징계를 받으셨기 때문에 우리가 평화를 누리는 것입니다. 우리가 예수님을 믿고 의지할 때 우리 죄는 사라집니다. 예수님의 피로 죗값을 지불했기 때문입니다. 그리고 예수님의 의가 우리의 것이 됩니다.

예수님이 십자가에서 모든 일을 마치셨을 때 하나님은 그분께 상을 주셨습니다. "이러므로 하나님이 그를 지극히 높여 모든 이름 위에 뛰어난 이름을 주사 하늘에 있는 자들과 땅에 있는 자들과 땅 아래에 있는 자들로 모든 무릎을 예수의 이름에 꿇게 하시고 모든 입으로 예수 그리스도를 주라 시인하여 하나님 아버지께 영광을 돌리게 하셨느니라"(빌 2:9~11).

●● 티칭 포인트

아이들에게 하나님은 이사야를 통해 메시아에 대해 예언하셨고, 예수님을 통해 예언을 성취하셨다는 것을 알려 주십시오. 예수님이 찔리신 것은 우리의 허물 때문이고, 그분이 상하신 것은 우리의 죄악 때문입니다. 우리가 예수님을 믿고 의지할 때 우리 죄는 사라집니다. 이미 예수님이 우리의 죗값을 치르셨습니다. 예수님은 고난받는 종의 모습으로 우리를 섬기러 이 땅에 오셨습니다.

주 제

하나님은 이사야를 통해 메시아가 고난받는 종이 될 것이라고 말씀하셨어요.

가스펠 링크

예수님은 자기를 믿는 사람들을 용서받게 하시려고 이 땅에 오신 하나님의 종이에요.

이사야가 메시아에 대해 외쳤어요 사 53장

하나님이 아브라함에게 약속하신 후 오랜 세월이 지났어요. 어떤 사람들은 더 이상 하나님의 약속을 믿지 않았지요. 이사야 선지자는 백성에게 하나님의 계획을 이야기해 주었어요. 그것은 이스라엘의 구원자가 될 메시아가 올 것이라는 소식이었어요.

이사야는 메시아가 고난받는 종이며, 사람들을 죄에서 구하기 위한 희생 제물이 될 것이라고 말했어요. 이사야는 앞으로 일어날 일을 마치 이미 일어난 일처럼 이야기했어요. 하나님의 계획은 사람들의 기대와는 완전히 달랐어요.

이사야가 말했어요. "하나님의 종은 하나님 앞에서 자랐습니다. 하지만 그는 특별하지도, 눈에 띄지도 않았고, 심지어 사람들은 그를 싫어했습니다. 그는 사람들에게 멸시를 당하고 버림을 받았을 뿐 아니라 고난을 겪었고 아픔과 상처가 어떤 것인지 알고 있었습니다. 사람들이 그를 보고서 얼굴을 가릴 만큼 그는 멸시를 당했으므로 우리마저도 그를 무시해 버렸습니다."

그렇지만 하나님의 종은 하나님이 맡기신 일을 그만두지 않았어요. "사실 그가 짊어진 병은 우리의 병이었고 그가 짊어진 아픔은 우리의 아픔이었습니다. 그런데도 우리는 그가 맞을 짓을 해서 하나님께서 그를 때리시고 고난을 주신다고 생각했습니다. 그러나 사실은 우리의 허물이 그를 찔렀고 우리의 악함이 그를 짓뭉갰습니다. 그가 책망을 받아서 우리가 평화를 누리고 그가 매를 맞아서 우리의 병이 나은 것입니다. 우리는 모두 양처럼 길을 잃고 제각각 자기 길로 흩어져 가 버렸지만, 여호와께서는 우리 모두의 죄악을 그에게 지우시고 그를 공격하셨습니다." 이사야는 메시아가 매를 맞고 죄인 취급을 받았지만, 입을 열지도 않고 아무 말도 하지 않았다고 했어요. 그는 불공평한 재판을 받은 뒤 끌려가 죽임을 당했다고 말했어요.

사람들은 하나님의 종이 그런 대접을 받아 마땅하다고 생각했어요. 메시아가 받은 벌은 원래 사람들이 받아야 하는 것이었어요. 하나님의 종은 잘못을 저지른 적이 없었어요. 누구를 해치거나 거짓말을 한 적도 없었어요. 그런데도 범죄자처럼 벌을 받은 거예요.

이사야가 말했어요. "하나님께서 원하신 일이 그의 손에서 이뤄지고 있습니다. 그는 고난에서 벗어나서 그가 알고 있었던 자신의 사명을 제대로 이뤄 냈음을 보고 만족할 것입니다. 하나님의 종이 많은 사람을 의롭게 할 것입니다. 그는 많은 사람의 죄악을 스스로 짊어질 것입니다." 그리고 하나님은 메시아가 하나님의 뜻을 잘 이루었다는 것을 보여 주셨어요. 메시아의 죽음은 끝이 아니었어요. 하나님이 그를 다시 살리셨지요.

이사야는 메시아가 고난을 받은 결과로 일어난 모든 좋은 일들을 보고, 고난받은 것을 기뻐할 것이라고 말했어요. "하나님은 그에게 많은 사람을 몫으로 나눠 주고 강한 사람들을 전리품으로 나눠 줄 것입니다. 그가 자기 목숨을 죽음으로 내던지고 죄지은 사람들 가운데 하나로 여겨졌으며 많은 사람의 죄를 대신 지고 죄지은 사람들이 용서를 받도록 중재를 했기 때문입니다."

●● 가스펠 링크

예수님이 우리의 죄 때문에 십자가에서 죽으신 것은 모두 하나님의 계획대로 이루어진 일이에요. 예수님이 태어나기 700년 전부터, 이사야 선지자는 이런 일이 일어날 것을 기록했어요. 예수님은 자기를 믿는 사람들을 용서받게 하시려고 이 땅에 오신 하나님의 종이에요.

가스펠 준비
(10~20분)

환영

도착하는 아이들을 반갑게 맞이하고 헌금, 출석, QT 등을 확인하며 격려한다. 새 친구가 있다면 소개한다. 편안한 분위기에서 안부를 물으며 오늘의 말씀과 관련된 화제로 이야기를 나눈다. 아이들에게 다른 사람을 돌본 경험이 있는지 물어본다. 자발적으로 대화에 참여하도록 이끈다.

예) "다른 사람을 돌보거나 섬긴 적이 있나요?", "다른 사람을 도울 때 기분이 어땠나요?" 등.

예수님이 이 세상에 오시기 오래전, 하나님은 이사야를 통해 하나님의 아들이 종의 모습으로 오실 것이라고 말씀하셨어요.

마음 열기

예측하기 게임 *

① 성경 시대에는 하나님이 선지자들을 통해 앞으로 일어날 일을 사람들에게 말씀하셨다는 사실을 떠올려 준다.

② 인도자가 어떤 일에 관해 설명하되, 한 번에 하나씩만 힌트를 준다.

③ 아이들에게 힌트를 듣고 어떤 일에 대한 설명인지 맞혀 보라고 한다.

· 노래를 불러요. 선물을 준비해요. 케이크를 먹어요. (생일 파티)

· 집 밖에 있어요. 불을 피워요. 텐트에서 자요. (캠핑 여행)

· 추워요. 집 안에 있어요. 하늘에서 뭐가 떨어져요. (눈보라)

TIP 아이들에게 돌아가며 간단한 힌트를 주게 해도 좋다.

오늘 우리는 이사야가 한 예언에 관해 듣게 될 거예요. 이사야는 수백 년이 지난 후에 일어날 일을 미리 이야기했어요. 어떤 이야기일까요?

섬김 릴레이 *

준비물 플라스틱 컵 10개, 쟁반 2개, 의자

① 아이들을 두 팀으로 나누고, 각 팀을 한 줄로 세운다.

② 각 팀의 맞은편에 의자를 하나씩 놓아두고, 각 팀의 맨 앞에 선 아이에게 플라스틱 컵 5개를 올린 쟁반을 하나씩 준다.

③ 인도자가 "출발!"이라고 외치면, 쟁반을 들고 의자가 있는 곳까지 달려갔다가 출발 지점으로 돌아오라고 한다.

④ 달리다가 컵이 넘어지면 멈추어 컵을 바로 세운 뒤 다시 달린다.

⑤ 쟁반을 다음 아이에게 건네면 다음 주자도 같은 방식으로 경기한다.

⑥ 모든 아이가 먼저 돌아온 팀이 승리한다.

오늘의 성경 이야기는 하나님의 아들, 예수님에 대한 내용이에요. 하나님은 자기 아들을 종으로 보내시겠다고 말씀하셨어요. 예수님이 이 세상에 오신 이유는 섬김을 받으려 함이 아니라 섬기기 위해서이고, 자기의 목숨을 많은 사람의 대속물로 주기 위해서였어요(마 20:28 참고).

들어가기

준비물 흰색 실험 가운, 과학 서적 여러 권, 책상 또는 의자

실험 가운을 입고, 책더미를 들고 들어온다. 들고 온 책을 예배실 앞쪽에 있는 책상 위에 철퍼덕 내려놓는다.

안녕하세요, 안녕하세요! 실험실을 다시 찾아주신 여러분을 환영합니다! 오늘도 하나님의 말씀을 연구하면서 하나님에 대해 알려 주는 증거들을 찾아 나설 준비가 되었나요?

훌륭한 과학자들이 반드시 하는 한 가지 일은 증거를 찾는 거예요. 증거를 찾는 것은 정말 중요한 일이에요. 증거는 우리가 연구하는 것들을 이해하는 데 도움을 주기 때문이에요. 증거가 없다면, 과학자들은 자신들이 주장하는 것들을 하나도 뒷받침할 수 없을 거예요.

지난 몇 주간 우리는 성경을 살펴보면서 하나님을 더 많이 알 수 있도록 도와주는 증거들을 찾아봤어요. 성경은 유일하신 참 하나님을 가리키는 증거들로 가득 차 있지요.

하나님을 아는 것과 하나님에 대해 아는 것에는 아주 큰 차이가 있어요. 우리는 성경을 읽을 때마다 하나님에 대한 여러 가지 사실들을 알게 되어요. 하지만 여기서 멈추면 안 돼요! 하나님은 우리가 하나님과 가까워지기를 원하시기 때문에 우리에게 자신을 드러내세요. 하나님은 하나님의 백성을 사랑하시고 늘 우리와 함께하고 싶어 하세요.

이것은 정말 대단한 소식이에요! 오늘의 성경 이야기를 통해서 우리를 향한 하나님의 큰 사랑을 보여 주는 증거와 우리에게 영원한 나라의 시민이 되는 길을 열어 주시기 위해 치르신 희생의 증거를 아주 많이 찾게 될 거예요!

연대표

연대표에서 선지자들을 가리키며 지난 성경 이야기들을 간략하게 복습한 다음, 오늘의 성경 이야기를 가리킨다.

우리는 그동안 엘리야, 엘리사, 이사야 같은 선지자들의 이야기를 들었어요. 그들은 모두 하나님의 말씀을 하나님의 백성에게 전하는 일을 했어요.

오늘 우리는 이사야라는 선지자의 이야기를 좀 더 배우게 될 거예요. 이사야는 하나님이 남 유다에 보내신 선지자였어요. 하나님은 이사야에게 미래의 일을 살짝 보여 주셨어요. 이사야는 예수님이 이 땅에 오시기 700년 전에 살았던 사람이지만, 이사야서를 읽어 보면 그가 예언한 메시아에 관한 예언들이 그대로 이루어졌다는 것을 알 수 있어요! 오늘 우리는 이사야가 앞으로 오실 메시아에 관해 이야기한 것 중 몇 가지를 배우게 될 거예요.

엘리야가 악한 아합을 꾸짖었어요

엘리야가 이세벨을 피해 도망쳤어요

하나님이 나아만을 고쳐 주셨어요

하나님이 이사야를 부르셨어요

이사야가 메시아에 대해 외쳤어요

히스기야는 남 유다의 신실한 왕이었어요

성경의 초점

성경의 초점 질문을 기억하는 사람 있나요? 아이들의 대답을 기다린다. 맞아요! 우리는 하나님의 말씀을 배우면서 바로 이 질문에 대한 대답을 찾고 있었죠. **하나님 외에 다른 신이 있나요?** 우리는 **오직 하나님 한 분만이 우리의 예배를 받으실 참 신**이라는 사실을 가르쳐 주는 많은 증거를 발견했어요. 오늘 성경 이야기를 들을 때도 유일하신 참 하나님에 대한 증거를 더 찾아보세요.

성경 이야기

이사야 53장을 펴고, 설교 영상(지도자용 팩)을 보여 주거나 이야기 성경을 들려준다.

정말 놀라운 이야기군요! 이야기를 들으면서 **"하나님 외에 다른 신이 있나요?"** 라는 질문에 대답할 증거들을 많이 찾았나요? 아이들의 대답을 기다린다. 그래요. **오직 하나님 한 분만이 우리의 예배를 받으실 참 신**이라는 것을 우리는 알고 있어요.

하나님은 이사야에게 장차 오실 메시아에 관한 환상을 보여 주셨어요. 이 예언은 예수님이 이 땅에 오시기 700년 전에 한 것이기 때문에 이사야는 사실 예수님을 잘 몰랐어요! 하지만 이사야는 하나님을 믿었어요. 그는 하나님이 유일한 참 하나님이시라는 것을 알았기 때문에 하나님이 메시아에 관해 하시는 말씀이 진짜라는 것을 알았어요.

하나님은 이사야를 통해 메시아가 고난받는 종이 될 것이라고 말씀하셨어요. 하나님은 우리 죄를 씻기 위해 예수님이 십자가에서 죽으실 것을 다 계획하고 계셨어요. 예수님은 예수님을 믿는 사람들을 용서받게 하시려고 고난을 받으신 종이에요.

예수님은 우리의 죄를 짊어지셨기 때문에 고난받으실 수밖에 없었어요. 예수님이 당하신 고난은 사실 우리가 받아야 했어요. 하지만 하나님은 우리를 너무 사랑하시기 때문에 우리를 구하시려고 자기 아들을 보내셨어요.

하지만 이 이야기는 예수님의 고난으로 끝나지 않아요. 예수님은 십자가에서 고난받고 죽으셨지만, 죽은 자들 가운데서 다시 살아나셨어요. 죄와 죽음을 완전히 이기셨지요! 예수님의 죽으심과 부활은 우리의 과거와 현재, 그리고 미래의 모든 죗값을 치르셨다는 증거예요!

복음 초청

성경과 105쪽 복음 초청 가이드를 이용해서 아이들에게 그리스도인이 되는 법을 설명해 준다. 따로 상담해 줄 사람을 정해 주고 궁금한 점이 있으면 물어보도록 격려한다.

이 시간 예수님을 마음에 모시고 싶은 친구는 함께 기도해요.

기도

하나님, 우리에게 말씀을 주셔서 우리를 향한 하나님의 놀라운 사랑의 증거들을 많이 발견하게 하시니 감사합니다. 그리고 예수님을 보내셔서 우리 대신 고난을 당하게 하시고 우리가 용서받을 수 있도록 해 주셔서 감사합니다. 이번 한 주도 하나님을 더 잘 알 수 있도록 우리를 인도해 주세요. 예수님의 이름으로 기도합니다. 아멘.

적용

TIP 설교 도입이나 적용으로 활용하거나 영상을 본 뒤 소그룹으로 나누어 풍성한 대화를 이어 갈 수 있습니다.

여러분은 하루나 일주일을 시작하기 전에 계획을 세우나요? 여러분이 계획한 대로 항상 이루어지나요? 이 질문들을 생각하면서 다음 영상을 함께 보기로 해요.

적용 예화 영상(지도자용 팩)을 보여 준다.

여러분은 미래에 무슨 일이 일어날지 알고 있나요? 여러분이 계획을 세우면 꼭 그대로 이루어지나요? 항상 그대로 이루어지는 것은 누구의 계획일까요? 누가 미래를 알까요?

이사야서에서 **하나님은 이사야를 통해 메시아가 고난받는 종이 될 것이라고 말씀하셨어요.** 하나님은 우리 죄를 씻기 위해 예수님이 십자가에서 죽으실 것을 다 계획해 두고 계셨어요. 하나님은 모든 것을 다스리시고, 모든 일을 하나님의 영광과 우리의 유익을 위해 하시는 분이에요. 우리가 하나님의 계획을 모르거나 이해하지 못할 때도 우리는 하나님께 우리의 미래를 믿고 맡길 수 있어요.

가스펠 **소그룹**
(10~20분)

나침반

우리가 만든 암송송

준비물 1단원 암송(127쪽), 종이, 펜

① 아이들과 함께 1단원 암송 구절을 크게 읽는다.

② 아이들을 두 팀으로 나누고, 팀별로 히브리서 1장 1~2 상반절로 노래를 만들어 보라고 한다.

③ 새로운 곡을 만들어도 좋고, 익숙한 곡에 암송 구절을 가사로 붙이는 방법 등을 제시한다.

④ 노래가 완성되면, 팀별로 나와서 노래를 발표하게 한다.

보물 지도

스피드 퀴즈

준비물 성경, 스케치북, 색연필

① 아이들을 두 팀으로 나누고, 각 팀에게 스케치북과 색연필을 나누어 준다.

② 인도자가 복습 질문을 하면, 팀별로 논의해 정답을 스케치북에 적으라고 한다. 성경을 참고할 수 있다고 말해 준다.

③ 동시에 양쪽 팀의 답을 확인한다. 정답을 맞힐 때마다 1점씩 준다.

TIP 문제마다 다른 아이가 답을 쓰게 하는 것이 좋다.

1 오늘 성경 이야기에 나온 선지자는 누구인가요? 이사야 (사 1:1)

2 이사야서는 구약에 있나요, 신약에 있나요? 구약

3 이사야서는 성경을 분류하는 방법 중 역사서, 시가서, 선지서 중 어디에 들어갈까요? 선지서 또는 대선지서

4 이사야서 앞에 나오는 책과 뒤에 나오는 책을 말해 보세요.
앞에는 아가, 뒤에는 예레미야

5 이사야는 메시아가 사람들을 무엇에서 구할 것이라고 말했나요?
죄악 (사 53:11)

6 다음 문장은 참일까요, 거짓일까요? 하나님은 메시아가 고난받는 것을 보고 놀라셨어요.
거짓, 모든 것이 하나님의 계획이었다 (사 53:10)

7 메시아가 고난받거나 죽을 만한 일을 했나요?
아니다, 메시아는 아무 죄가 없었다 (사 53:4)

8 예수님에게 무슨 일이 일어났나요? 예수님은 찔리고, 상하고, 징계를 받고, 채찍에 맞으셨다. 그리고 죽으셨다 (사 53:5)

9 우리가 예수님을 믿을 때, 하나님은 우리 죄를 벌하시나요, 용서하시나요? 용서하신다 (사 53:5)

10 하나님 외에 다른 신이 있나요?
오직 하나님 한 분만이 우리의 예배를 받으실 참 신이세요.

하나님은 이사야를 통해 메시아가 고난받는 종이 될 것이라고 말씀하셨어요. 이사야는 하나님이 말씀하신 고난받는 종이 누구인지 몰랐어요. 하지만 우리는 알아요. 누가 고난받는 종이 되셨나요? (예수님) 맞아요. 하나님은 예수님을 보내 우리 대신 고난을 받고 우리를 죄에서 구하게 하셨어요. 예수님은 우리가 하나님과 가까워질 수 있는 길을 열어 주셨지요.

탐험하기

선지자를 찾아라!

준비물 학생용 교재 20쪽, 연필, 성경

이 사 야 는 메 시 아 가
고난받는 종이 될 것이라고 말씀하셨어요.

① 아이들에게 램프에 있는 이름 중 구약 시대 선지자의 이름이 아닌 것을 찾아 지우라고 한다. 지워야 할 이름은 누가, 바울, 디모데, 아합, 솔로몬, 다윗이다.

② 도움이 필요하다면 성경에서 구약성경 부분이나 목차 부분을 보라고 한다.

③ 남아 있는 선지자의 이름 중 첫 글자의 초성에 동그라미를 쳐 보게 한다.

④ 동그라미 친 초성을 조합해 문장을 완성해 보라고 한다.

―― 이사야는 구약 시대의 선지자로 하나님의 아들이 이 땅에 오시기 수백 년 전의 사람이에요. 하나님은 이사야에게 놀라운 구원자에 관한 이야기를 알려 주셨어요. 이사야는 예수님에 관해 뭐라고 말했나요?

구약과 신약이 만났어요

준비물 학생용 교재 21쪽, 연필, 성경

① 아이들과 함께 성경에서 이사야 53장을 찾아 읽는다.

② 아이들에게 이사야가 메시아에 관해 예언한 문장과 관련된 신약 구절을 찾아 선을 이으라고 한다.

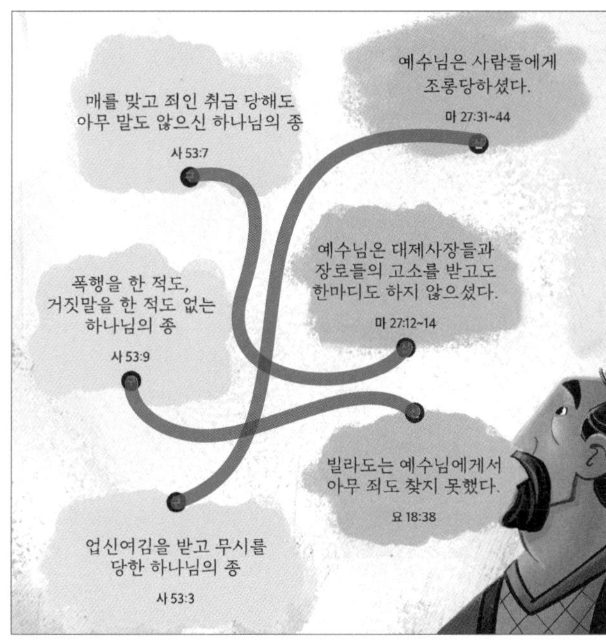

―― **하나님은 이사야를 통해 메시아가 고난받는 종이 될 것이라고 말씀하셨어요.** 예수님은 자신의 삶과 죽음, 그리고 부활을 통해 이사야의 예언을 이루셨어요. 하나님은 오래전부터 메시아를 보내 사람들을 죄에서 구하실 계획을 세우셨어요. 바로 예수님을 통해 세상에 구원을 가져다 주려는 하나님의 계획이랍니다.

무엇일까요? *

준비물 전지 여러 장, 의자, 스탠드 조명, 다양한 물건(성경, 컵, 가위 등)

① 전지를 천장에서 바닥까지 연결해 고정시켜 그림자 막으로 사용한다. 전지 뒤에 조명을 설치한다.

② 물건을 전지와 조명 사이에 놓는다.

③ 아이들에게 그림자를 보고 어떤 물건인지 맞혀 보라고 한다.

―― 이사야서에는 메시아에 대한 예언이 많이 담겨 있어요. 예언이 어떻게 이루어지는지 언제나 분명히 알 수 있는 것은 아니지만, 하나님이 모든 것을 책임지고 계시다는 것 한 가지는 확실히 믿을 수 있어요. **하나님은 이사야를 통해 메시아가 고난받는 종이 될 것이라고 말씀하셨어요.** 예수님은 이사야의 예언을 이루셨어요. 예수님을 우리 주님이라고 믿고 고백할 때, 하나님은 우리 죄를 용서하시고 하나님을 알 수 있게 해 주세요. 예수님이 고난을 받았다는 사실은 하나님이 죄를 정말 심각하게 생각하신다는 증거예요. 하지만 하나님은 너무나 좋으신 분이고, 은혜와 자비가 가득한 분이시기 때문에 우리가 죄에서 완전히 자유로워질 수 있는 길을 열어 주셨어요.

보물 상자

나만의 기록장

준비물 학생용 교재 22쪽, 연필

아이들에게 다른 사람들을 어떻게 섬길 수 있을지 생각해 보라고 한다. 구체적으로 누구를 어떻게 섬길지 글로 적어 보게 하고, 한 주 동안 실천할 수 있도록 독려한다.

―― 우리가 다른 사람을 사랑하고 섬길 때, 사람들은 우리를 통해 진정한 하나님의 종이시며 우리를 위해 목숨까지 바치신 예수님을 보게 될 거예요.

메시지 카드

이번 주 메시지 카드로 부모님과 함께 오늘 배운 성경 이야기를 나누어 보라고 한다.

기도

하나님, 우리를 위해 예수님을 이 땅에 보내 주셔서 감사합니다. 우리가 받아야 할 고통을 대신 받으시고, 십자가에서 죽으심으로 우리를 죄에서 구원하신 예수님을 바라봅니다. 우리도 예수님의 모습을 닮아, 다른 사람들을 사랑하고 섬길 수 있도록 도와주세요. 예수님의 이름으로 기도합니다. 아멘.

6

히스기야는 남 유다의 신실한 왕이었어요

왕하 18~19장

단원 암송

옛적에 선지자들을 통하여 여러 부분과 여러 모양으로 우리 조상들에게 말씀하신 하나님이 이 모든 날 마지막에는 아들을 통하여 우리에게 말씀하셨으니(히 1:1~2상).

성경의 초점

하나님 외에 다른 신이 있나요?
오직 하나님 한 분만이 우리의 예배를 받으실 참 신이세요.

본문 속으로

'부전자전'이란 아들이 아버지의 외모나 행동을 닮았을 때 쓰는 말입니다. 하지만 히스기야는 그의 아버지 아하스와는 전혀 딴판이었습니다. 그는 역대 왕들과 달리 신실한 왕이었습니다.

남 유다의 왕 아하스는 하나님도, 하나님의 법도, 선지자도 귀하게 생각하지 않았습니다. 그리고 우상을 숭배했습니다. 아하스는 하나님이 보시기에 정직하게 행하지 않았습니다(왕하 16:2 참조). 그는 하나님의 백성이 하나님에게서 멀어지게 했고, 하나님의 분노와 화를 불러왔습니다.

반면, 히스기야는 그의 조상 다윗의 모든 행실과 같이 하나님이 보시기에 정직하게 행했습니다. 성전 안에 있는 우상을 모두 없애고 성전을 정결하게 했습니다(대하 29장 참조).

히스기야는 남 유다 백성이 하나님이 명하신 방법대로 하나님을 섬기도록 이끈 신실한 왕이었습니다. 하지만 신실한 왕들도 결국 죄인입니다. 부와 성공은 히스기야를 자만에 빠지게 했습니다. 막강한 아시리아가 남 유다를 공격하자, 히스기야는 아시리아왕에게 뇌물을 주어 해결해 보려 했습니다. 하지만 아무 소용이 없었습니다. 그래서 히스기야는 자기 백성을 위해 기도했습니다. 하나님은 히스기야의 기도를 들으시고 남 유다를 살려 주셨습니다.

예수님은 아무런 죄도 짓지 않으신 신실한 왕이십니다. '신실하다'라는 단어는 '엄격하게 또는 빈틈없이 말은 일을 수행하다', '자기가 한 말이나 약속, 맹세를 잘 지키다', '한결같이 충성하거나 애정을 베풀다', '충성스럽다', '일관성이 있다', '믿고 의지할 만하다', '사실, 기준, 원래의 것을 고수하다', '정확하다'라는 뜻입니다.

예수님은 죄인들을 구하는 사명을 완수하셨습니다. 예수님은 십자가에서 죽으시기 전 "다 이루었다(요 19:30 참조)"라고 말씀하셨습니다. 예수님은 하나님의 아들로서 충성하셨고, 변함없이 순종하십니다(히 3:5~6; 사 50:4~10 참조). 예수님은 어제나 오늘이나 영원토록 동일하십니다(히 13:8 참조). 예수님은 이 세상에 다시 오셔서 모든 것을 회복하실 것입니다(계 1:1~6 참조).

주 제

하나님이 히스기야의 기도에 응답하셨어요.

가스펠 링크

예수님은 죽으시고 부활하심으로 사람들을 죄와 죽음에서 구원하셔서 하나님께 영광을 돌리셨어요.

●● 티칭 포인트

아이들이 남 유다의 왕 중에 신실했던 히스기야에 비할 수 없을 만큼 예수님은 신실하신 분이라는 사실을 이해하도록 도와주십시오. 히스기야는 백성을 위해 하나님께 구원을 간구했지만, 그도 구원받아야 되는 죄인에 불과했습니다. 예수님은 죄가 없으시면서 하나님의 백성을 죄와 죽음에서 구해 달라고 간구하는 분이십니다.

히스기야는 남 유다의 신실한 왕이었어요 왕하 18~19장

남쪽의 유다 왕국에는 여러 왕이 있었어요. 아하스가 죽자 그의 아들 히스기야가 왕이 되었어요. 히스기야는 그의 아버지와 달랐어요. 아하스는 나쁜 왕이었지만, 히스기야는 정직한 왕이었지요. 히스기야는 하나님을 믿고 하나님의 명령에 순종했어요.

어느 날, 아시리아라는 나라가 북 이스라엘을 공격했어요. 아시리아 군대는 북 이스라엘을 파괴하고 사람들을 잡아갔어요. 몇 년 뒤에는 남 유다를 공격했지요.

히스기야는 두려웠어요. 그는 아시리아왕에게 사람을 보내 "물러가 주기만 한다면 요구하는 대로 뭐든지 하겠습니다"라고 말했어요.

아시리아왕은 은 300*달란트(약 10톤)와 금 30달란트(약 1톤)를 달라고 했어요. 히스기야는 하나님의 성전과 왕궁에 있던 은을 모두 모았어요. 그리고 성전의 문과 기둥에 입혀 놓은 금을 벗겨 아시리아왕에게 주었어요. 그래도 아시리아왕은 떠나지 않았어요. 그는 큰 군대와 함께 장군 몇 명을 히스기야에게 보내 말했어요. "너는 무엇을 믿고 이렇게 당당하냐? 우리 군대가 너희 군대보다 강하다. 지금 포기하는 게 좋을 것이다."

히스기야는 이사야 선지자에게 사람을 보내 "하나님께 우리를 위해 기도드려 주십시오!"라고 부탁했어요. 이사야는 하나님의 말씀을 전해 주었어요. "왕이여, 아시리아왕의 부하들이 모독한 말로 인해 두려워하지 마십시오. 그는 자기 땅으로 돌아가게 될 것입니다. 그러면 하나님이 그를 자기 땅에서 칼에 맞아 죽게 할 것입니다."

아시리아 사람들은 히스기야가 하나님을 믿고 의지하는 모습을 보고 비웃었어요. 아시리아왕은 히스기야에게 편지를 보냈어요. 하나님이 그들을 구하지 못할 것이라는 내용이었어요.

히스기야는 성전으로 갔어요. 그리고 아시리아왕의 편지를 펼치고 하나님께 기도했어요. "하나님! 우리를 아시리아의 손에서 구하셔서 주님만이 하나님이신 것을 세상의 모든 나라가 알게 해 주십시오!"

이사야가 히스기야에게 사람을 보내 하나님의 말씀을 전했어요. 하나님이 히스기야의 기도를 들으신 거예요. 하나님은 아시리아가 예루살렘을 공격하도록 내버려두지 않을 거라고 말씀하셨어요. "내가 나를 위해, 또 내 종 다윗을 위해 이 성을 지켜 구할 것이다"라고 말씀하셨어요.

그날 밤, 하나님의 천사가 아시리아 군대에 들어가 수십만 명의 적군을 죽였어요. 다음 날 아침, 아시리아왕은 자기 나라로 돌아갔어요. 그리고 하나님의 말씀대로 그곳에서 죽었어요.

●● 가스펠 링크

히스기야는 하나님의 백성을 구원해 모든 사람이 여호와가 진짜 하나님이신 것을 알게 해달라고 기도했고 하나님은 응답하셨어요. 예수님도 그의 백성이 구원받게 해달라고 기도하셨어요. 하나님은 예수님의 기도도 들어주셨어요. 예수님은 죽으시고 부활하심으로 사람들을 죄와 죽음에서 구원하셔서 하나님께 영광을 돌리셨어요.

*달란트 : 무게를 측정하는 가장 큰 단위이며 신약 시대에는 화폐의 단위로도 쓰였다.

가스펠 준비
(10~20분)

환영

도착하는 아이들을 반갑게 맞이하고 헌금, 출석, QT 등을 확인하며 격려한다. 새 친구가 있다면 소개한다. 편안한 분위기에서 안부를 물으며 오늘의 말씀과 관련된 화제로 이야기를 나눈다. 아이들에게 '신실하다'라는 말을 들으면 어떤 생각이 떠오르는지 물어본다. 자발적으로 대화에 참여하도록 이끈다.

예) "'신실하다'라는 말의 뜻이 무엇인가요?", "신실하다는 말을 들으면 어떤 생각이 떠오르나요?" 등.

── '신실하다'라는 말은 '충성스럽다' 또는 '약속을 지키거나 의무를 다하는 일에 확고하다'라는 뜻이에요. 오늘 우리는 신실했던 한 왕의 이야기를 배울 거예요.

마음 열기

제발 저리 가! *

① 아이들을 한쪽 벽 끝에 한 줄로 세운 뒤, 술래를 한 명 정하고, 반대편 벽쪽으로 나와 아이들에게 등을 돌리고 서게 한다.

② 아이들이 "정말로 하나님이 지켜 주실까?" 라고 물으면, 술래는 "제발 저리 가!" 라고 대답하게 한다.

③ 아이들에게 한 발자국씩 앞으로 나가며 같은 질문을 하라고 한다.

④ 술래가 "하나님, 도와주세요!" 라고 말하면 아이들은 뒤로 돌아 도망가고 술래는 따라가서 잡으라고 한다.

⑤ 잡힌 아이가 술래가 되고, 다시 처음부터 놀이를 시작한다.

── 오늘의 성경 이야기는 남 유다의 왕 히스기야에 관한 것이에요. 수많은 적에게 둘러싸인 히스기야는 하나님께 백성을 지켜 달라고 기도했어요. 하나님이 히스기야의 기도를 들어주셨을까요? 그것은 곧 알게 될 거예요.

이길 수 없는 게임 *

준비물 **빨대, 탁구공, 탁자**

① 아이들을 두 팀으로 나눈다. 이때 한 팀의 인원이 상대 팀보다 적어도 2배 더 많아야 한다.

② 양 팀 모두 탁자를 사이에 두고 무릎을 꿇고 앉으라고 한다.

③ 아이들에게 빨대를 하나씩 준다. 인원이 많은 팀에는 탁구공도 한 개씩 준다.

④ 공을 가진 팀이 빨대로 바람을 불어 공을 상대편 쪽으로 넘기면, 상대 팀은 빨대로 바람을 불어 공을 막으라고 한다.

⑤ 인원이 많은 팀이 공을 상대 팀으로 모두 넘기면 끝난다.

⑥ 인원수를 반대로 조정해 게임을 다시 시작한다.

── 공을 가진 팀이 왜 매번 이겼을까요? 맞아요. 수가 훨씬 많았기 때문이에요! 오늘 성경 이야기에서 만날 한 왕은 적군들의 수가 훨씬 많은 상황에서도 하나님이 지켜 주실 것이라고 믿었어요.

가스펠 설교
(15~30분)

들어가기

준비물 흰색 실험 가운, 과학 서적 여러 권, 책상 또는 의자

실험 가운을 입고, 책더미를 들고 들어온다. 들고 온 책을 예배실 앞쪽에 있는 책상 위에 철퍼덕 내려놓는다.

안녕하세요, 여러분! 실험실을 다시 찾아주셔서 감사합니다! 다시 한 번 여러분과 함께하게 되어 정말 기뻐요. 오늘도 정말 재밌는 것들을 많이 준비했답니다. 배울 것도 엄청 많을 거예요!

우리는 그동안 과학자들이 하는 일에 관해 많은 이야기를 나눴어요. 과학자들은 세상을 관찰하고 예측한 다음, 실험해서 결론을 내리고, 얻은 결과를 다른 사람들에게 알려 주어요. 과학자들은 알아낸 새로운 사실을 꼭꼭 숨겨 두지 않아요! 다른 사람들이 알 수 있도록 온 세상에 알리고 싶어 하지요.

만약 과학자들이 새로운 지식을 발견하고도 비밀로 한다면 어떻게 될까요? 아무도 새로운 사실을 배울 수 없을 거예요! 그렇고말고요! 그러니 과학적인 발견은 언제나 다른 사람들에게 알려 주어야 해요. 우리가 하나님에 대해 새로운 사실을 발견할 때도 마찬가지예요. 우리가 하나님을 경험하고 하나님을 더 잘 알게 됐는데, 그것을 우리만 알고 있을 수는 없겠지요? 하나님을 아는 지식을 다른 사람들과 나누는 게 맞겠지요?

하나님은 하나님의 이름이 위대해지길 바라세요. 우리는 **오직 하나님 한 분만이 우리의 예배를 받으실 참 신**이라는 것을 알고 있어요. 오늘의 성경 이야기는 모든 사람이 하나님을 예배하도록 하나님이 하신 위대한 일을 다루고 있어요.

연대표

지난 이야기들을 손으로 가리키며 연대표를 살펴본 뒤, 오늘의 성경 이야기를 가리킨다.

우리는 북 이스라엘과 남 유다의 여러 왕과 선지자에 대해 배우고 있어요. 오늘의 성경 이야기는 남 유다의 왕 히스기야에 관한 것이랍니다. 히스기야의 아버지 아하스는 하나님에게서 마음이 떠난 악한 왕이었어요. 아하스는 하나님도, 하나님의 법과 선지자도 중요하게 생각하지 않았어요. 하지만 히스기야는 달랐어요. 그는 하나님께 신실했고, 진심으로 하나님을 따르고 섬기기를 간절히 바랐어요.

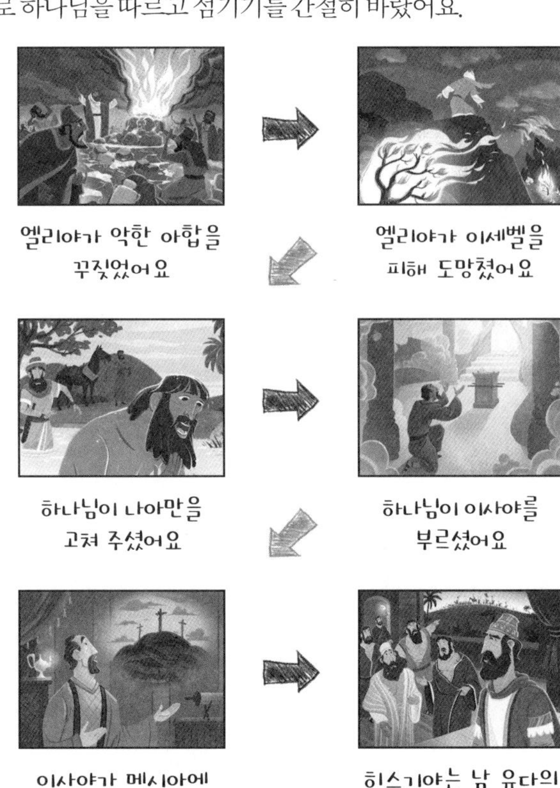

성경의 초점

혹시 1단원 '성경의 초점' 질문을 기억하는 사람 있나요? 아이들의 대답을 기다린다. 맞아요! **하나님 외에 다른 신이 있나요?** 우리는 하나님의 말씀을 배우면서 바로 이 질문에 대한 답을 찾고 있어요. 오늘 성경 이야기를 통해 우리는 하나님의 놀라운 능력에 관해 듣게 될 거예요. 성경 이야기를 들으면서 유일한 참 신에 대한 증거를 찾아보세요.

성경 이야기

DVD 열왕기하 18~19장을 펴고, 설교 영상(지도자용 팩)을 보여 주거나 이야기 성경을 들려준다.

우와! 하나님의 위대한 능력을 보여 주는 놀라운 이야기군요! 이야기를 듣다 보니 '성경의 초점' 질문이 생각나요. **하나님 외에 다른 신이 있나요?** 대답은 바로 성경 이야기 속에 있어요. **오직 하나님 한 분만이 우리의 예배를 받으실 참 신이세요.** 이제 제가 질문을 하면 여러분은 대답해 보세요. **하나님 외에 다른 신이 있나요?** 아이들의 대답을 기다린다. **오직 하나님 한 분만이 우리의 예배를 받으실 참 신이세요.** 대단해요! 하나님은 히스기야와 아시리아의 군대에 하나님의 능력을 보이셨어요. 악한 아시리아의 왕은 히스기야가 하나님을 섬긴다고 비웃었지만, 하나님은 유일하신 참 하나님의 영광을 제대로 보여 주셨지요!

히스기야는 하나님의 백성을 적들의 손에서 구하셔서 모든 사람이 하나님이 유일한 참 하나님이신 것을 알게 해달라고 기도했어요. **하나님이 히스기야의 기도에 응답하셨어요!**

예수님도 하나님 백성의 구원을 위해 기도하셨어요. 하나님은 예수님의 기도도 들어주셨지요. 예수님은 죽으시고 부활하심으로 사람들을 죄와 죽음에서 구원하셔서 하나님께 영광을 돌리셨어요.

복 / 습 / 질 / 문

1 히스기야가 다스리는 남 유다를 침략하려고 한 나라는 어느 나라였나요?

아시리아(앗수르) (왕하 18:17)

2 히스기야는 어떤 왕이었나요?

하나님이 보시기에 정직하게 행하는 왕이었다 (왕하 18:3)

3 히스기야는 아시리아의 침입을 막기 위해 어떻게 했나요?

하나님의 성전과 왕궁에 있던 은을 모으고, 성전 문과 기둥에 입힌 금을 벗겨 모두 아시리아왕에게 주었다 (왕하 18:15~16)

4 히스기야는 이사야에게 무엇을 부탁했나요?

백성을 위해 하나님께 기도해 달라고 부탁했다 (왕하 19:1~4)

5 하나님은 히스기야의 기도를 어떻게 들어주셨나요?

하나님은 천사들을 보내 아시리아 군사들을 죽여 예루살렘을 구원하셨다 (왕하 19:35)

6 하나님 외에 다른 신이 있나요?

오직 하나님 한 분만이 우리의 예배를 받으실 참 신이세요.

복음 초청

성경과 105쪽 복음 초청 가이드를 이용해서 아이들에게 그리스도인이 되는 법을 설명해 준다. 따로 상담해 줄 사람을 정해 주고 궁금한 점이 있으면 물어보도록 격려한다.

이 시간 예수님을 마음에 모시고 싶은 친구는 함께 기도해요.

기도

하나님, 말씀을 통해 우리에게 하나님을 드러내시니 감사합니다. 우리가 죄를 지을 때조차 우리를 신실하게 사랑해 주셔서 감사합니다. 또한 예수님을 통해 우리 죄를 용서해 주시니 감사합니다. 날마다 온 마음을 다해 하나님을 사랑하고 섬길 수 있게 도와주세요. 예수님의 이름으로 기도합니다. 아멘.

적용

TIP 설교 도입이나 적용으로 활용하거나 영상을 본 뒤 소그룹으로 나누어 풍성한 대화를 이어 갈 수 있습니다.

여러분은 무서운 일이 생기면 어떻게 하나요? 친구나 부모님께 도움을 요청하나요? 하나님께 도와달라고 기도한 적도 있지 않나요? 다음 영상을 함께 보기로 해요.

DVD 적용 예화 영상(지도자용 팩)을 보여 준다.

아이들과 함께 기도에 관한 이야기를 나누어 본다. 아이들은 기도가 소용이 있다고 생각하는가? 기도의 능력에 대해, 그리고 힘든 상황 속에서 기도가 왜 가장 강력한 조치가 될 수 있는지에 대해 아이들과 이야기를 나누어 본다.

하나님이 히스기야의 기도에 응답하셨어요. 하나님은 우리가 기도할 때 들으세요. 우리는 기도로 하나님께 도움을 구할 수 있어요.

가스펠 소그룹
(10~20분)

나침반

보이지 않아도

준비물 1단원 암송(127쪽), 포스트잇

① 아이들과 함께 큰 소리로 암송 구절을 여러 번 읽는다.

② 포스트잇으로 한 단어를 가리고 다시 암송 구절을 읽어 본다.

③ 가리는 단어의 수를 점점 늘려가며 아이들이 암송 구절을 외울 때까지 반복한다.

— 오늘 성경 이야기에서 우리는 신실한 왕 히스기야에 대해 배웠어요. **하나님이 히스기야의 기도에 응답하셨어요.** 하나님은 이사야 선지자를 통해 히스기야에게 말씀하셨어요. 히브리서 1장 1~2 상반절은 하나님이 지금도 우리에게 말씀하신다고 말해요. 바로 하나님의 아들 예수님을 통해서 말이에요.

보물 지도

히스기야 이야기

준비물 성경

— 남 유다의 왕 히스기야는 그의 아버지 아하스와 달랐어요. 아하스는 하나님도, 하나님의 법과 선지자도 중요하게 생각하지 않았어요. 게다가 우상을 섬겼지요. 아하스는 하나님이 보시기에 정직하게 행하지 않았어요(왕하 16:2 참조). 그는 백성이 하나님에게서 멀어지게 했고, 하나님의 분노와 화를 불러일으켰어요. 하지만 그의 아들 히스기야는 신실한 왕이었어요. 성경은 그가 "그의 조상 다윗의 모든 행실과 같이 여호와 보시기에 정직하게 행하였습니다"(왕하 18:3) 라고 말해요. 이제 여러분이 오늘의 성경 이야기를 얼마나 기억하는지 확인해 볼까요?

① 성경에서 열왕기하 18~19장을 찾으라고 한다.

② 아이들에게 복습 질문을 한다.

② 한 사람씩 돌아가며 정답을 맞힐 기회를 준다. 답을 맞히지 못하면, 해당 성경 구절을 알려 주고 읽게 한다.

③ 모든 아이가 돌아가며 답을 말할 수 있도록 기회를 준다.

1 오늘 성경 이야기에 나온 신실한 왕의 이름은 무엇인가요?

히스기야 (왕하 18:1)

2 히스기야는 어느 나라의 왕이었나요?

유다(남 유다) (왕하 18:1)

3 남 유다를 침략하려고 한 나라는 어느 나라였나요?

아시리아(앗수르) (왕하 18:13)

4 히스기야는 아시리아왕에게 줄 금과 은을 어디서 구했나요?

하나님의 성전과 왕궁 (왕하 18:15~16)

5 히스기야는 이사야에게 무엇을 부탁했나요?

백성을 위해 하나님께 기도해 달라고 부탁했다 (왕하 19:1~4)

6 하나님은 히스기야의 기도를 어떻게 들어주셨나요?

하나님은 천사들을 보내 아시리아 군사들을 죽여 예루살렘을 구원하셨다 (왕하 19:35)

탐험하기

다른 점을 찾아라!

준비물 학생용 교재 24쪽, 연필

① 아이들과 오늘의 성경 이야기를 간략하게 복습한다.

② 그림에서 서로 다른 부분을 찾아 ○표 하라고 한다.

③ 서로 다른 부분이 10군데 있다고 힌트를 준다.

— 남 유다에 일어난 문제는 무엇이었나요? 히스기야는 이 문제를 어떻게 해결했나요? 남 유다는 강한 아시리아에게서 도무지 벗어날 방법이 없었어요. 이런 위기에서 히스기야의 기도를 들으시고 유다를 구하신 분은 하나님이에요. 하나님은 하나님의 백성을 적에게서 구원해 모든 사람이 유일하신 참 하나님을 알게 하셨어요.

어떤 뜻이 숨어 있을까?

준비물 학생용 교재 25쪽, 연필

① 아이들에게 지시에 따라 해당하는 단어를 지워 보라고 한다.

1. 선지자의 이름을 지우세요.
2. 색깔을 나타내는 단어를 지우세요.
3. 과일을 지우세요.
4. '예'로 시작되는 단어를 지우세요.

② 남아 있는 단어들을 왼쪽에서 오른쪽으로 읽어 보라고 한다.

③ 읽은 순서대로 단어를 빈칸에 넣어 문장을 완성해 보라고 한다.

[illegible]	히스기야	[illegible]	[illegible]
[illegible]	[illegible]	기도	[illegible]
[illegible]	[illegible]	[illegible]	응답 하셨어요
하나님	[illegible]	[illegible]	[illegible]
[illegible]	[illegible]	[illegible]	[illegible]

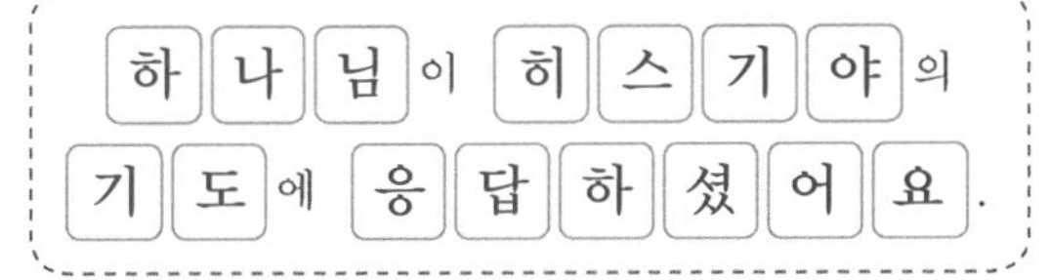

── 히스기야는 하나님의 백성을 적들의 손에서 구해 모든 사람이 하나님이 유일한 참 하나님이신 것을 알게 해달라고 기도했어요. **하나님이 히스기야의 기도에 응답하셨고,** 하나님의 백성을 지켜 주셨어요.
예수님도 하나님의 백성을 구원해 달라고 기도하셨어요. 하나님은 예수님의 기도도 들어주셨지요. 예수님은 죽으시고 부활하심으로 사람들을 죄와 죽음에서 구원하셔서 하나님께 영광을 돌리셨어요.

할 수 있을까? *

준비물 안대, 여러 가지 물건(뿍뿍이, 지압판, 소리 나는 인형, 이불, 끈 등)

① 아이들을 두 팀으로 나눈다.

② 한 팀에게는 안대를 착용하게 하고, 다른 한 팀에게는 정해진 구역 안에 장애물을 배치하라고 한다.

③ 안대를 착용한 팀의 아이들을 출발선에서 한 명씩 출발시킨다.

④ 팀원이 모두 도착할 때까지 안대를 벗을 수 없다고 말해 준다.

⑤ 역할을 바꾸어 다시 게임을 진행한다.

── 가끔은 하나님을 믿고 의지하기가 힘들 때도 있어요. 두려움에 빠졌을 때, 특히 하나님이 보이지 않을 때 그렇지요. 하지만 성경은 하나님이 우리를 사랑하시기 때문에 언제나 우리를 돌보신다고 말해요. 하나님은 예수님을 보내셔서 우리를 향한 사랑을 보여 주셨어요!

보물 상자

나만의 기록장

준비물 학생용 교재 26쪽, 연필

아이들에게 하나님보다 더 의지하는 것이 있는지 물어보고, 그것이 무엇인지 써 보라고 한다. 그리고 하나님을 더욱 의지하기 위해 할 수 있는 것 3가지를 적어 보라고 한다.

── 우리가 예수님을 믿고 의지할 때 하나님은 모든 영광을 받으세요. 우리를 사랑하시는 하나님은 우리 대신 예수님이 죗값을 치르게 하셨어요. 그럼으로써 하나님께 갈 수 있는 길을 열어 주셨어요. 예수님이 우리 대신 고통받으셨기 때문에 우리는 두려워할 필요가 없어요.

메시지 카드

이번 주 메시지 카드로 부모님과 함께 오늘 배운 성경 이야기를 나누어 보라고 한다.

기도

하나님은 언제나 신실한 분이신 것을 말씀을 통해 배웠습니다! 언제나 신실하신 하나님을 찬양합니다. 다른 것이나 심지어 나 자신을 하나님보다 더 소중하게 여겼던 것을 용서해 주세요. 세상의 모든 것을 다스리는 하나님을 언제나 믿고 의지하며 더 사랑할 수 있도록 우리를 인도해 주세요. 예수님의 이름으로 기도합니다. 아멘.

2 단원
포기하지 않으시는 하나님

하나님의 백성은 계속해서 죄를 지어 하나님과 멀어졌지만 하나님은 포기하지 않으시고 그들을 사랑하셨습니다. 하나님은 호세아의 삶을 통해 여전히 사랑하신다는 사실을 보여주셨습니다. 요나를 니느웨로 보내 하나님의 사랑이 닿지 않는 사람은 아무도 없다는 사실을 가르쳐 주셨습니다. 하나님은 요엘을 통해 심판을 피할 수는 없겠지만 하나님은 자비로우시고 그들을 다시 맞을 준비가 되셨다는 사실을 알려 주셨습니다.

하나님이 호세아를
통해 북 이스라엘에
사랑을 전하셨어요

하나님이 요나를
통해 니느웨에
사랑을 전하셨어요

The Gospel Project

하나님이 요엘을
통해 남 유다에
사랑을 전하셨어요

카운트다운 – 그림자

카운트다운 영상(지도자용 팩)을 틀고 예배 준비 자세를 취하도록 격려한다. 예배가 시작되는 시간에 영상이 끝나도록 맞추어 놓는다. 영상이 끝나기 30초 전에 예배 인도자는 정해진 위치에 서서 조용히 기도하는 모범을 보인다.

무대 배경 – 방송국 스튜디오

방송국 스튜디오처럼 장식하고 예배실 앞에 책상과 의자 2개를 놓아 둔다. 책상 뒤 벽에는 큰 지도를 걸고 '가스펠 뉴스'가 새겨진 간판도 만든다. 화면에 방송국 스튜디오 배경 이미지(지도자용 팩)를 띄운다.

7

하나님이 호세아를 통해 북 이스라엘에 사랑을 전하셨어요

호 1~14장

단원 암송

너희는 옷을 찢지 말고 마음을 찢고
너희 하나님 여호와께로 돌아올지어다
그는 은혜로우시며 자비로우시며
노하기를 더디하시며 인애가
크시사 뜻을 돌이켜 재앙을 내리지
아니하시나니(욜 2:13).

성경의 초점

하나님은 어떤 분이신가요?
하나님은 노하기를 더디하시고 사랑과
긍휼이 풍성하신 분이세요.

본문 속으로

하나님은 북 이스라엘에 호세아 선지자를 보내 하나님이 죄를 몹시 싫어하신다는 것과 곧 심판이 있을 것이라는 소식을 전하셨습니다. 그와 더불어 절대 포기하지 않으시는 하나님의 사랑에 관해서도 말씀하셨습니다. 하나님은 호세아의 삶을 통해 절대 포기하지 않는 사랑이 어떤 모습인지 하나님의 백성에게 보여 주셨습니다.

하나님은 호세아에게 음란한 여자와 결혼하라고 말씀하셨습니다. 그의 아내는 부정한 행위를 하며, 다른 남자들의 아이를 낳을 것이라고 하셨습니다. 그래도 호세아는 순종했습니다.

그는 고멜이라는 여인을 아내로 맞았습니다. 하나님이 말씀하신 대로, 고멜은 아내로서의 신의를 지키지 않고 다른 연인들을 따라다녔습니다. 자기 아내가 다른 사람과 있는 것을 볼 때마다 호세아가 얼마나 비통했을지 상상해 보십시오.

호세아는 두 손을 들고 "됐소! 이제 당신이랑은 끝이오!"라고 말하는 것이 더 쉬웠을 것입니다. 하나님의 백성도 고멜과 전혀 다르지 않았습니다. 그들도 영적인 간음을 저질렀습니다. 그들의 마음은 언제나 다른 연인을 찾아 헤매고 있었습니다. 그들은 우상, 즉 유일하신 참 하나님이 아닌 다른 사람이나 물건을 숭배했습니다.

하나님도 두 손을 들고 "됐다! 이제 너희랑은 끝이다!"라고 말씀하시는 것이 더 쉬웠을 것입니다. 하지만 하나님의 사랑은 결코 포기하는 법이 없습니다. 하나님은 호세아에게 사랑을 주셔서 자기 아내를 노예 시장에서 다시 데려오도록 하셨습니다. 고멜이 그렇게 많은 잘못을 저질렀는데도 말입니다.

하나님도 마찬가지입니다. 하나님의 백성이 수많은 부정을 저질렀음에도 그들을 찾아다니셨습니다. 그리고 백성을 되찾기 위해 아주 비싼 대가를 지불하셨습니다. 바로 하나님의 아들 예수님의 생명이었습니다.

주 제

하나님은 사랑받을 자격이 없는 사람도 사랑하세요.

가스펠 링크

호세아가 신실하지 않은 아내 고멜을 포기하지 않았던 것처럼 하나님은 하나님의 백성을 포기하지 않는 사랑으로 끝까지 사랑하세요. 그 증거는 바로 예수님이에요.

●● 티칭 포인트

호세아의 이야기를 들려줄 때 아이들의 나이에 맞게 적절하게 설명해야 합니다. 하나님은 호세아의 부정한 아내를 통해 이스라엘 백성이 얼마나 하나님께 신의를 지키지 않았는지를 보여 주셨습니다. 하지만 동시에 하나님은 호세아에게 깊은 사랑을 주셔서 온갖 부정을 저지른 고멜을 기꺼이 데려오게 하셨습니다. 아이들에게 하나님의 사랑은 깊고, 하나님은 결코 포기하지 않으시며, 자기 백성을 끝까지 사랑하신다는 것을 알려 주십시오.

하나님이 호세아를 통해 북 이스라엘에 사랑을 전하셨어요 호 1~14장

하나님은 호세아 선지자에게 어떻게 살아야 할지 알려 주셨어요. 하나님은 호세아에게 "너를 신실하게 사랑하지 않을 여자를 아내로 삼아 자식들을 낳아라"라고 말씀하셨어요. 하나님은 호세아의 인생을 통해 사람들을 향한 하나님의 사랑이 어떤 것인지 보여 주시고자 했어요. 호세아의 아내는 남편이 아닌 다른 사람들을 사랑하게 될 거예요. 마치 이스라엘 백성이 하나뿐인 진짜 하나님을 버리고 다른 신들을 섬기는 것처럼 말이에요.

하나님이 호세아에게 하신 말씀은 정말 어려운 일이었어요. 자기를 사랑하지도 않는 사람을 사랑해야 하다니요! 하지만 호세아는 하나님의 말씀에 순종했어요. 그래서 고멜이라는 여자와 결혼했어요.

고멜은 3명의 아이를 낳았어요. 하나님은 이 아이들에게 이스르엘, 로루하마, 로암미라는 이름을 주셨어요. 이 이름에는 모두 특별한 뜻이 있었어요. '이스르엘'은 하나님이 북 이스라엘 왕국을 멸망시킬 것이라는 의미를 가지고 있어요. '로루하마'는 '불쌍히 여김을 받지 못한 사람'이라는 의미예요. 북 이스라엘을 더 이상 불쌍하게 생각하지 않고, 그들이 지은 죄에 마땅한 벌을 내리시겠다는 하나님의 의도가 담긴 이름이지요. '로암미'는 '내 백성이 아니다'라는 뜻이에요. 하나님 대신 우상을 섬기는 북 이스라엘 백성은 더 이상 하나님의 백성이 아니라는 말씀이지요.

고멜은 남편인 호세아를 떠나 종종 달아났어요. 하나님은 호세아에게 아내를 찾아오라고 하셨어요. 호세아는 고멜을 찾아내 돈을 주고 다시 데려왔어요. 호세아는 고멜에게 "이제 나와 함께 지내고, 더는 부정한 일을 하지 마시오"라고 말했어요. 비록 고멜은 아내로서 남편을 신실하게 사랑하지 않았지만, 호세아는 여전히 고멜을 사랑했어요. 하나님이 포기하지 않는 사랑을 호세아에게 주셨기 때문이에요. 하나님은 북 이스라엘 사람들이 호세아의 이야기를 듣고 자신들도 고멜과 다르지 않다는 사실을 깨닫기를 바라셨어요. 사람들은 하나님을 사랑하지 않았지만, 하나님은 여전히 그들을 사랑하셨지요. 하나님은 결코 포기하지 않는 사랑으로 그들을 사랑하셨어요.

호세아는 북 이스라엘 백성에게 하나님이 그들의 죄를 심판하실 것이라고 경고했어요. 그러니 얼른 하나님께 돌아오라고 진심으로 호소했지요. "이제 하나님께 돌아갑시다! 그리고 하나님을 알기 위해 온 마음과 온 힘을 다합시다!"

하나님은 하나님을 떠난 백성을 벌하셨지만, 아브라함에게 하신 약속은 반드시 지키셨어요. 아브라함의 자손이 수없이 많아질 것이며, 예수님이 아브라함의 자손으로 오실 것이라는 약속 말이에요. 맞아요. 하나님은 여전히 하나님의 백성을 사랑하세요. 하나님은 죄를 몹시 싫어하시지만, 호세아가 비싼 값을 치르고 아내를 되찾아 온 것처럼 어떤 값을 지불해서라도 하나님의 백성을 되찾으세요.

●● 가스펠 링크

하나님은 호세아의 부정한 아내를 통해 하나님의 백성이 하나님께 얼마나 부정했는지 보여 주셨어요. 하나님은 호세아에게 사랑의 마음을 주셨어요. 그 사랑으로 호세아는 잘못을 저지른 고멜을 기꺼이 되찾아 왔어요. 하나님은 하나님의 백성을 결코 포기하지 않는 깊은 사랑으로 끝까지 사랑하세요. 그 증거는 바로 예수님이에요.

가스펠 **준비**
(10~20분)

환영

도착하는 아이들을 반갑게 맞이하고 헌금, 출석, QT 등을 확인하며 격려한다. 새 친구가 있다면 소개한다. 편안한 분위기에서 안부를 물으며 오늘의 말씀과 관련된 화제로 이야기를 나눈다. 하나님에 관해 설명하는 표현은 어떤 것이 있는지 물어본다. 자발적으로 대화에 참여하도록 이끈다.

예) "하나님을 설명하는 말에는 어떤 것들이 있을까요?", "하나님을 어떤 말로 표현할 수 있을까요?" 등.

하나님을 설명하는 말들이 참 많군요. 하루 종일 이야기를 해도 하나님을 다 설명하기에는 부족할 것 같아요. 오늘부터 우리는 새로운 성경 이야기를 통해 하나님이 어떤 분이신지 알아볼 거예요.

마음 열기

내가 좋아하는 것 *

① 아이들을 둥글게 앉히고, 술래를 한 명 정해 원의 한가운데 세운다.
② 술래에게 음식, 운동, 색 중 하나를 선택해 "○○를 좋아하는 사람은 자리를 바꾸세요" 라고 외치라고 한다.
③ 술래가 말한 것을 좋아하는 사람은 모두 자리에서 일어나 다른 사람의 자리에 가서 앉으라고 한다.
④ 그 사이에 술래도 자리를 찾아 앉아야 한다고 말해 준다.
⑤ 자리를 차지하지 못한 아이가 다음 술래가 된다.
⑥ 같은 방식으로 놀이를 여러 번 반복한다.

우리는 참 다양한 것들을 좋아해요! 어떤 사람이 무엇을 좋아하는지 어떻게 알 수 있을까요? 누군가 축구팀에 들어간다면 그것으로 그 사람이 축구를 좋아한다는 사실을 알 수 있을 거예요. 혹시 하나님은 무엇을 사랑하실지 생각해 본 적 있나요? 하나님의 사랑은 놀라워요. 여러분에게 얼른 오늘의 성경 이야기를 들려주고 싶어요. 오늘의 성경 이야기는 **하나님은 사랑받을 자격이 없는 사람도 사랑하신다**는 내용을 담고 있거든요. 정말 놀라운 일이지요!

하나만 고르세요! *

① 아이들을 둥글게 앉힌다.
② 아이들이 인도자가 말하는 2개 중 하나를 선택하게 한다.

예) 아이스크림과 피자, 바다와 수영장, 영화 보기와 콘서트 가기, 나를 사랑하는 사람과 나를 사랑하지 않는 사람 등.

③ 첫 번째를 선택한 아이들은 인도자 왼쪽으로, 두 번째를 선택한 아이들은 인도자 오른쪽으로 가서 앉으라고 한다.
④ 아이들에게 왜 그런 선택을 했는지 말해 보라고 한다.

우리를 사랑하는 사람을 사랑하기는 쉬워요. 오늘 우리는 성경 이야기를 통해 호세아라는 한 선지자를 만날 거예요. 하나님은 호세아를 통해 하나님을 사랑하지 않는 사람까지도 사랑하신다는 것을 보여 주셨어요. 어떤 성경 이야기인지 함께 살펴볼까요?

가스펠 **설교**
(15~30분)

들어가기

준비물 마이크, 정장(셔츠, 넥타이, 재킷)

정장 차림을 하고 마이크를 들고 들어온다. 방송 준비를 하는 듯 자신의 옷매무새를 가다듬고 머리를 손본다. 그런 다음 아이들에게 말을 건다.

여러분, 안녕하세요! 여긴 어쩐 일이에요? 2분 뒤면 곧 생방송이 시작되어요. 여기에 계속 있다가는 여러분 얼굴이 오늘 저녁 뉴스에 나가게 될 거예요!

오늘의 주요 뉴스를 전하게 되어서 전 지금 너무 신나요. 알다시피 방송국 일이라는 것이 언제나 좋은 소식만 전할 수는 없잖아요. 그런데 오늘은 정말 좋은 소식이 있어요. 아마 못 믿을 사람도 있겠지만, 저는 이 세상에 완벽한 사랑이 존재한다는 것을 발견했어요. 여러분도 믿지 못할 거예요.

이 이야기는 호세아와 고멜에 관한 이야기예요. 호세아는 자신을 사랑하지 않는 사람을 사랑하기로 어려운 결심을 했지요. 기자들이 취재한 바에 따르면 마치 우리를 위한 하나님의 사랑을 보는 것 같다는군요.

누가 주의를 끈다는 듯이 한쪽 옆을 바라본다. 아, 방송 시간이 조금 늦어진다고 하네요. 그렇다면 제가 방송 준비하는 것을 좀 도와줄래요? 여러분에게 호세아와 고멜 이야기를 들려줄게요. 준비된 사람은 손 들어 보세요. 좋아요!

연대표

이사야가 메시아에 대해 외쳤어요

히스기야는 남 유다의 신실한 왕이었어요

하나님이 호세아를 통해 북 이스라엘에 사랑을 전하셨어요

하나님이 요나를 통해 니느웨에 사랑을 전하셨어요

연대표를 보면서 우리가 어디까지 왔는지 한번 살펴볼까요? 연대표에서 오늘의 성경 이야기를 가리킨다. 우와, 이제 우리는 소선지서가 시작하는 부분까지 왔어요. 이 책들은 구약성경에 있어요. 선지자들은 하나님의 말씀을 사람들에게 전하는 일을 했어요.

그동안 들었던 다른 성경 이야기들처럼 오늘의 성경 이야기도 우리를 위한 하나님의 큰 사랑과 우리를 죄에서 구하시려는 하나님의 계획에 관한 것이랍니다.

성경의 초점

만약 여러분의 친구가 여러분에게 하나님은 어떤 분이시냐고 묻는다면, 어떻게 대답하겠어요? 정말 많은 말로 하나님을 설명할 수 있지만, 오늘은 그중에서도 하나님의 3가지 성품을 깊이 생각해 볼 거예요. 새로운 '성경의 초점' 질문은 **"하나님은 어떤 분이신가요?"**랍니다. 오늘의 성경 이야기를 잘 듣고, 왜 **하나님은 노하기를 더디하시고 사랑과 긍휼이 풍성하신 분**이라고 하는지 그 이유를 찾아보세요.

성경 이야기

DVD 호세아 1~14장을 펴고, 설교 영상(지도자용 팩)을 보여 주거나 이야기 성경을 들려준다.

정말 독특한 이야기군요! 우리가 책이나 영화를 통해 들었던 일반적인 사랑 이야기들과는 아주 달라요. 하나님은 호세아를 통해 하나님의 백성에게 특별한 말씀을 전하고 싶으셨어요. 하나님은 호세아의 인생을 사용하셔서 하나님의 백성을 향한 자신의 사랑을 보여 주셨어요.

하나님은 북 이스라엘 왕국의 백성에게 전할 말씀이 있었어요. 하지만 이번에는 그냥 말로만 전하는 것이 아니라, 직접 보여 주길 원하셨어요. 호세아는 사람들에게 하나님이 어떤 분이신지 보여 주었어요. **하나님은 어떤 분이신가요? 하나님은 노하기를 더디하시고 사랑과 긍휼이 풍성하신 분이세요.** 함께 말해 볼까요? 아이들과 함께 성경의 초점 질문과 답을 말한다.

여러분이 오늘의 성경 이야기를 얼마나 기억하는지 확인해 보기로 해요.

복 / 습 / 질 / 문

1. 호세아는 누구와 결혼했나요?
   고멜 (호 1:3)
2. 고멜은 몇 명의 아이를 낳았나요? 아이들의 이름은 무엇인가요?
   3명, 이스르엘, 로루하마, 로암미 (호 1:4, 6, 9)
3. 북 이스라엘 백성의 어떤 점이 고멜과 닮았나요?
   하나님이 아닌 다른 신을 섬기는 것이 고멜이 남편 호세아에게 신실하지 않은 것과 닮았다 (호 3:1)
4. 참일까요, 거짓일까요? 호세아는 고멜을 포기하고 도망가도록 내버려두었다.
   거짓, 호세아는 값을 지불하고 고멜을 데려왔다 (호 3:2)
5. 호세아는 북 이스라엘 백성에게 어떻게 하라고 말했나요?
   여호와께 돌아와 여호와를 알기 위해 힘을 다하라고 말했다 (호 6:1, 3)

하나님은 죄를 싫어하세요. 하지만 호세아가 값을 치르고 자기를 사랑하지 않는 아내를 되찾아온 것처럼, 하나님도 값비싼 희생을 치르고 자기 백성을 되찾을 계획을 세우셨어요. **하나님은 사랑받을 자격이 없는 사람도 사랑하세요.**

우리도 이스라엘 백성과 똑같아요. 죄를 짓고 하나님께 등을 돌렸지요. 죄는 우리를 하나님에게서 멀어지게 해요. 하지만 하나님은 우리를 찾아오셨어요. 예수님을 보내 우리를 위해 최고로 비싼 값을 치르게 하셨어요. 예수님은 우리를 위해 십자가에서 목숨을 내놓으셨어요. 우리가 받을 벌을 대신 받으신 거예요. 우리가 예수님을 믿고 의지할 때, 하나님은 우리 죄를 용서하시고 우리에게 영원한 생명을 주세요. 정말 좋은 소식이지요!

복음 초청

성경과 105쪽 복음 초청 가이드를 이용해서 아이들에게 그리스도인이 되는 법을 설명해 준다. 따로 상담해 줄 사람을 정해 주고 궁금한 점이 있으면 물어보도록 격려한다.

이 시간 예수님을 마음에 모시고 싶은 친구는 함께 기도해요.

기도

하나님, 호세아의 삶을 통해 하나님의 크신 사랑을 알게 해 주셔서 감사합니다. 죄로 인해 하나님께 가까이 갈 수 없었던 우리에게 먼저 다가오시고, 예수님을 보내 우리의 죗값을 대신 치러 주신 것 감사합니다. 우리를 사랑하시고 우리에게 영원한 생명을 주시려는 하나님의 사랑을 많은 사람에게 전하며 살 수 있도록 인도해 주세요. 예수님의 이름으로 기도합니다. 아멘.

적용

TIP 설교 도입이나 적용으로 활용하거나 영상을 본 뒤 소그룹으로 나누어 풍성한 대화를 이어 갈 수 있습니다.

사랑하기 어려운 사람이 있나요? 혹은 사랑하는 사람 때문에 상처를 받은 적 있나요? 그런 경험을 떠올리며 다음 영상을 같이 보기로 해요.

DVD 적용 예화 영상(지도자용 팩)을 보여 준다.

친구에게 상처받은 적이 있는지 물어본다. 그 친구를 용서하기가 힘들지는 않았는지 이야기해 보게 한다.

호세아는 다른 사람을 사랑하는 일을 정말 잘했기 때문에 고멜을 사랑했을까요? 아니에요. 하나님이 호세아에게 포기하지 않는 사랑을 주셨기 때문이에요. 우리는 죄 때문에 하나님의 원수가 되었지만, 우리를 사랑하시는 하나님은 예수님을 보내 우리의 죄를 없애 주셨어요. 하나님이 이렇게 우리를 사랑하시기 때문에 우리도 다른 사람들을 사랑할 수 있어요. 그들이 우리를 사랑하지 않을 때도 말이에요.

가스펠 **소그룹**
(10~20분)

나침반

말씀 따라 몸 따라!

"너희는 옷을 찢지 말고 마음을 찢고 너희 하나님 여호와께로 돌아올지어다 그는 은혜로우시며 자비로우시며 노하기를 더디하시며 인애가 크시사 뜻을 돌이켜 재앙을 내리지 아니하시나니"(욜 2:13).

준비물 **2단원 암송(128쪽)**

① 2단원 암송을 함께 큰 소리로 읽는다.

② 아이들에게 핵심 단어나 구절에 알맞은 동작을 만들어 보라고 한다.

예) · "너희 하나님 여호와께로 돌아올지어다" (양쪽 엄지손가락을 양쪽 어깨 너머로 가리킨다.)

· "그는 은혜로우시며 자비로우시며" (양팔로 자기 자신을 안는 시늉을 하고 몸을 좌우로 흔든다.)

· "노하기를 더디하시며" (물결 모양으로 팔을 천천히 움직인다.)

· "인애가 크시사" (심장 위에서 두 손을 꼭 잡는다.)

── 2단원 암송 구절은 하나님을 참 잘 표현하고 있어요. '성경의 초점'과도 관련이 있고요. '성경의 초점'을 함께 말해 볼까요? **하나님은 어떤 분이신가요? 하나님은 노하기를 더디하시고 사랑과 긍휼이 풍성하신 분이세요.**

보물 지도

뭔 이름이 그래? *

준비물 **성경**

① 아이들이 성경을 펴고 호세아를 찾을 시간을 준다.

② 호세아의 자녀들의 이름과 이름의 뜻을 복습한다. 성경에서 이름과 뜻이 나오는 부분을 찾아 읽어 보게 한다.

· 이스르엘은 어떤 도시의 이름이었는데, 여기에는 이스라엘이 전쟁에서 크게 질 것이라는 의미가 담겨 있었어요. (호 1:4)

· 로루하마는 "불쌍히 여기지 않는다"는 의미예요. 하나님은 이 이름을 통해, 이스라엘을 더 이상 불쌍하게 생각하지 않고, 그들이 지은 죄에 마땅한 벌을 내리겠다고 말씀하시는 거예요. (호 1:6)

· 로암미는 "내 백성이 아니다"라는 뜻이에요. 이스라엘이 더 이상 하나님의 백성이 아니라는 말씀이지요. (호 1:6)

── 호세아는 이스라엘 백성에게 하나님이 그들의 죄를 심판하실 것이라고 경고했어요. 호세아는 하나님께로 돌아오라고 백성에게 간곡히 말했어요. 하나님은 그들의 죄를 싫어하세요. 하지만 호세아가 비싼 값을 치르고 자기를 사랑하지 않는 아내를 되찾아 왔듯이, 하나님도 굉장히 비싼 희생을 치르시고 자기 백성을 되찾을 계획을 세우셨어요.

탐험하기

우리가 향하여 가는 곳은?

준비물 **학생용 교재 28쪽, 55쪽 사방치기 판과 게임 말, 가위, 풀, 지우개**

연대표의 빈칸을 채우고 가위바위보를 하며 하나님의 구원 계획(가스펠 프로젝트)을 따라가 보게 한다.

── 호세아가 신실하지 않은 아내 고멜을 끊임없이 비싼 값을 주고 되찾아 오고 사랑한 것처럼 하나님도 신실하지 않은 하나님의 백성을 사랑하셔서 비싼 희생을 치르시고라도 그들을 되찾아 오실 것을 이미 창세 전부터 계획하셨어요. 그 계획은 바로 예수님을 통해서 이루어진답니다!

하나님의 사랑은

준비물 **학생용 교재 29쪽, 연필**

① 아이들에게 그림 암호를 풀어 문구를 완성해 보라고 한다.

② 완성된 문구를 함께 읽는다.

하나님은 호세아의 삶을 통해 하나님의 마음을 백성에게 전하고 싶으셨어요. 호세아는 하나님의 말씀에 순종해 자신을 사랑하지 않는 고멜과 결혼했어요. 고멜이 호세아를 떠나 다른 사람을 따라갔을 때도 그는 값을 주고 고멜을 데려와 끝까지 사랑해 주었어요. 호세아의 모습은 우리를 사랑하시는 하나님의 모습을 보여 주어요. 하나님은 아들인 예수님을 보내 우리 대신 십자가에서 죽으심으로 죄의 대가를 대신 치르게 하셨어요. 심지어 하나님을 사랑하지 않는 사람들을 위해서도 말이에요. 예수님을 통해 하나님께 돌아갈 수 있는 길을 열어 주신 거예요.

사랑의 몸짓 *

준비물 색인 카드, 펜

① 색인 카드에 사랑을 표현하는 다양한 행동을 적어 둔다.

예) 격려의 말 해 주기, 돕거나 섬기기, 함께 산책하기, 귀 기울여 듣기, 맛있는 요리 해 주기 등.

② 술래를 한 명 정하고, 아이들을 등지고 서게 한다.

③ 나머지 아이들에게 카드를 보여 준다.

④ 술래에게 아이들을 바라보라고 하고, 아이들에게는 말없이 몸짓으로만 카드에 적힌 사랑의 모습을 표현하라고 한다.

⑤ 술래에게 아이들의 행동이 어떤 사랑의 표현인지 맞혀 보라고 한다.

⑥ 술래를 바꿔가며 놀이를 계속 한다.

하나님은 사랑받을 자격이 없는 사람도 사랑하세요. 하나님은 하나님에게서 등을 돌린 이스라엘 백성도 사랑하셨어요. 하나님은 호세아를 보내 돌아오라고 경고하시며, 하나님의 사랑이 어떤 것인지 보여 주셨어요. 우리도 지금 동작으로 표현했던 행동들로 다른 사람들에게 하나님의 사랑을 보여 줄 수 있어요. 우리를 사랑하지 않는 사람들에게도 말이에요.

 보물 상자

나만의 기록장

준비물 학생용 교재 30쪽, 연필

① 가족이나 친구들 또는 하나님께 잘못한 행동들을 생각해 보고 U 모양 안에 적게 한다.

② 다 적은 후에는 U 모양이 들어갈 만큼 큰 하트를 그리게 한다.

고멜은 남편인 호세아를 떠나 종종 달아났어요. 우리도 종종 하나님을 떠나 죄를 짓고 하나님이 아닌 것들을 더 사랑하기도 해요. 마치 하나님께 신실하지 않았고 가짜 신을 섬긴 이스라엘 백성처럼 말이에요. 하지만 하나님은 호세아가 고멜에게 했듯이 우리에게 돌아오라고 부르시고 돌아올 수 있는 길을 마련해 주세요. 바로 예수님을 통해서 말이에요. **하나님은** 이처럼 **사랑받을 자격이 없는 사람도 사랑하신다**는 사실을 늘 기억해요.

메시지 카드

이번 주 메시지 카드로 부모님과 함께 오늘 배운 성경 이야기를 나누어 보라고 한다.

기도

하나님, 사랑받을 자격이 없는 우리를 사랑해 주셔서 감사합니다. 예수님이 십자가에서 죽으심으로 우리의 죗값을 치르시고, 다시 살아나심으로 영원한 생명을 주신 것을 생각할 때마다 하나님의 크고 깊은 사랑을 더 알아 가도록 도와주세요. 그리고 우리를 싫어하거나 사랑하지 않는 사람들에게도 하나님의 사랑을 전할 수 있도록 인도해 주세요. 예수님의 이름으로 기도합니다. 아멘.

8

하나님이 요나를 통해 니느웨에 사랑을 전하셨어요

욘 1~4장

단원 암송

너희는 옷을 찢지 말고 마음을 찢고
너희 하나님 여호와께로 돌아올지어다
그는 은혜로우시며 자비로우시며
노하기를 더디하시며 인애가
크시사 뜻을 돌이켜 재앙을 내리지
아니하시나니(욜 2:13).

성경의 초점

하나님은 어떤 분이신가요?
하나님은 노하기를 더디하시고 사랑과
긍휼이 풍성하신 분이세요.

본문 속으로

요나서는 단순히 요나와 큰 물고기에 관한 이야기가 아닙니다. 그 부분도 물론 중요한 요소이지만, 요나 이야기의 중심은 하나님의 연민에 있습니다. 이스라엘 백성뿐 아니라 온 세상 사람들, 심지어 이스라엘에게 있어 최악의 적국까지 불쌍히 여기시는 하나님의 마음 말입니다.

하나님이 요나에게 말씀하셨습니다. "너는 일어나 저 큰 성읍 니느웨로 가서 그것을 향하여 외치라 그 악독이 내 앞에 상달되었음이니라"(욘 1:2). 하나님은 온 땅을 심판하는 분이시며(창 18:25 참조), 모든 나라를 다스리는 주권자이십니다. 니느웨는 아시리아의 수도였고, 아시리아의 통치자들은 악하고 잔인하기로 악명이 높았습니다. 요나가 니느웨 반대편으로 달아난 것은 이상한 일이 아니었습니다.

그러나 하나님의 존전에서 도망칠 수 있는 사람은 아무도 없습니다(시 139:9~10 참조). 물고기 배 속에서 보낸 얼마간의 시간을 통해 하나님은 요나의 마음을 움직이셨습니다. 요나는 마침내 니느웨로 갔습니다. 요나는 사흘 동안 걸을 만큼 큰 도시를 하루 동안 다니며 외쳤습니다. 니느웨 사람들을 향한 요나의 메시지는 간단했습니다. "40일 뒤에 니느웨가 무너진다!"

니느웨 사람들은 즉시 회개했고, 하나님은 심판을 거두셨습니다. 그들의 잘못을 용서하셨고 도시를 무너뜨리지 않으셨습니다. 요나는 어떻게 반응했을까요? 그는 "매우 싫어하고 성내"었습니다(욘 4:1).

하나님은 요나를 꾸짖으시며 자신의 마음을 돌아보게 하셨습니다. 그리고 요나와 우리에게 한 가지 질문을 남기셨습니다. "내가 어찌 아끼지 아니하겠느냐"(욘 4:11).

●● 티칭 포인트

마태는 예수님이 요나보다 위대한 분이시라고 말했습니다(마 12:41 참조). 예수님은 유대인과 이방인을 가리지 않고 모든 죄인에게 회개하라고 외치셨습니다. 예수님은 요나처럼 말씀만 전하신 것이 아니라 우리를 정말로 사랑하십니다. 하나님의 뜻에 기쁨으로 순종하셨고 우리 죄를 씻기 위해 자기 목숨을 내놓으셨습니다. 복음에는 하나님의 긍휼이 보입니다. 예수님을 주님과 구원자로 믿는 사람은 누구나 용서해 주시기 때문입니다. 아이들에게 하나님이 이 기쁜 구원의 소식을 전하기 위해 우리를 요나처럼 보내신다는 것을 알려 주십시오.

주제

하나님이 니느웨 사람들을 불쌍히
여기셨어요.

가스펠 링크

요나는 니느웨에 가서 죄에서
돌아서라고 외치라는 하나님의 명령에
마지못해 순종했어요.
그러나 예수님은 하나님의 뜻에 따라
세상을 향해 회개하라고 외치시고,
우리를 죄에서 구원하기 위해
십자가에서 죽기까지 순종하셨어요.

하나님이 요나를 통해 니느웨에 사랑을 전하셨어요 욘 1~4장

하나님이 요나 선지자에게 말씀하셨어요. "일어나 저 큰 성읍 니느웨로 가서 그 도시에 선포하여라. 그 도시의 죄악이 내 앞에까지 이르렀다." 니느웨는 아시리아의 수도였어요. 그곳 사람들은 이스라엘의 적이었지요. 때문에 요나는 니느웨에 가지 않았어요. 오히려 반대쪽으로 가는 배를 탔어요!

하나님이 무서운 폭풍을 보내셨어요. 두려워진 선원들은 누구 때문에 이런 재앙을 만나게 되었는지 제비를 뽑아 알아내기로 했어요. 요나가 제비를 뽑자, 선원들이 요나에게 "당신은 어느 나라 사람이오? 이게 무슨 일이오?"라고 물었어요. 요나는 "나는 이스라엘 사람입니다. 바다와 땅을 만드신 하나님 여호와를 섬기고 있습니다"라고 대답했어요. 선원들이 어찌할 줄 모르자, 요나는 자기를 바다에 던져 넣으라고 말했어요. 선원들이 그의 말대로 하자 폭풍이 멈추었어요. 사람들은 그 모습을 보고 참 하나님을 섬기게 되었어요.

하나님이 큰 물고기를 보내 요나를 삼키게 하셨어요. 요나는 3일 밤낮을 물고기 배 속에 갇혀 있었어요. 그는 물고기를 보내 자신을 살려 주신 하나님께 감사의 기도를 드렸어요. 그러자 물고기가 요나를 마른 땅에 뱉어 냈어요.

하나님이 다시 요나에게 말씀하셨어요. "일어나 저 큰 성읍 니느웨로 가서 내가 네게 전하는 말을 선포하여라." 요나는 니느웨로 가서 "40일 후에 니느웨는 무너질 것이다!"라는 하나님의 말씀을 외쳤어요. 이 말을 들은 니느웨 사람들이 악한 길에서 돌아섰어요. 모든 사람이 굵은 베옷을 입고 음식을 먹지 않았어요. 심지어 니느웨 왕도 잘못을 뉘우쳤어요. 하나님은 니느웨를 무너뜨리지 않기로 하셨어요.

요나는 화가 나 말했어요. "이럴 줄 알았습니다! 하나님은 은혜롭고 동정심이 많으시며 화내기를 더디하시고 사랑은 충만하시며 재앙을 내리는 것을 주저하신다는 것을 내가 알고 있었습니다!" 하나님이 요나에게 "네가 화내는 것이 옳으냐?"라고 물으셨어요.

요나는 니느웨가 잘 보이는 곳에 오두막을 지었어요. 하나님은 요나에게 한 가지 교훈을 주기로 하셨어요. 하나님은 넝쿨이 자라게 해 해를 가릴 수 있는 그늘을 만들어 주셨어요. 요나는 넝쿨 때문에 기분이 좋아졌어요. 하지만 다음날, 하나님은 벌레 한 마리를 보내 넝쿨을 갉아먹게 하셨어요. 넝쿨은 곧 시들어 죽어버렸어요. 넝쿨이 사라지자 요나는 너무 더워 쓰러질 지경이었어요. 요나는 화가 나서 "하나님, 내가 사는 것보다 죽는 것이 낫겠습니다"라고 말했어요.

하나님이 요나에게 물으셨어요. "네가 그 넝쿨 때문에 화내는 것이 옳으냐?" 요나는 "그렇습니다! 화가 나서 죽을 지경입니다"라고 말했어요. 하나님이 말씀하셨어요. "네가 가꾸지도 않고 기르지도 않은 넝쿨을 너는 아꼈다. 하룻밤 사이에 자라나 하룻밤 사이에 죽어 버렸는데도 말이다. 그런데 사람들이 12만 명이나 있는 이 큰 성읍 니느웨를 내가 아끼지 않을 수 있겠느냐?"

●● 가스펠 링크

하나님은 요나에게 니느웨에 가라고 하셨어요. 그리고 죄에서 돌이키라고 외치게 하셨어요. 요나는 마지못해 순종했어요. 먼 훗날 하나님은 하나님을 대적한 사람들에게 예수님을 보내 회개를 외치도록 하셨어요. 예수님은 순전하게 순종하셨어요. 예수님은 우리를 죄에서 구원하시기 위해 십자가에서 죽으셨어요.

가스펠 준비
(10~20분)

환영

도착하는 아이들을 반갑게 맞이하고 헌금, 출석, QT 등을 확인하며 격려한다. 새 친구가 있다면 소개한다. 편안한 분위기에서 안부를 물으며 오늘의 말씀과 관련된 화제로 이야기를 나눈다. 숨바꼭질할 때 제일 잘 숨는 곳이 어딘지 아이들에게 물어본다. 자발적으로 대화에 참여하도록 이끈다.

예) "숨바꼭질할 때 주로 어디에 숨나요?", "아무도 못 찾는 곳을 알고 있나요?", "친구들이 예상하지 못했던 장소에 숨은 적이 있나요?" 등.

여러분, 혹시 하나님에게서 도망쳐 숨으려고 했던 적이 있나요? 과연 하나님이 못 찾으시는 곳으로 도망칠 수 있을까요? 오늘의 성경 이야기는 하나님에게서 도망치려고 했던 한 사람에 관한 이야기예요. 하지만 그 사람은 누구도 하나님 모르게 숨을 수 없다는 것을 알게 되었대요. 과연 어떤 일이 있었는지 함께 알아보기로 해요.

마음 열기

자비야, 도와줘! *

① 술래를 한 명 정하고, 술래에게 다른 아이들을 잡아야 한다고 말해 준다.

② 또 다른 아이 한 명을 정해 '자비'라고 이름을 붙여 준다. '자비' 역할을 하는 아이는 술래에게 잡힌 다른 아이들을 도와줄 수 있다고 말해 준다. 술래는 '자비'를 잡을 수 없다고 일러 준다.

③ 술래에게 잡힌 아이는 자리에 앉아 "자비야, 도와줘!" 라고 외치고, '자비'가 와서 그 아이의 몸을 만지면 다시 놀이에 참여할 수 있다고 설명해 준다.

④ 술래와 자비를 새로 정해 놀이를 반복한다.

'자비'의 역할이 뭐였나요? 맞아요. '자비'는 여러분에게 선물을 주었어요. 놀이에 다시 참여할 기회 말이에요. 하나님은 자비가 많으신 분이에요. 오늘 우리는 하나님이 니느웨라는 도시의 사람들에게 자비를 베푸신 이야기를 듣게 될 거예요.

청기! 백기! *

준비물 시트지(파란색, 흰색)

① 파란색과 흰색 시트지를 지름 5cm 크기의 동그라미로 여러 개 잘라 둔다.

② 아이들의 손바닥에 각각 파란색과 흰색 시트지를 붙여 준다.

③ 아이들에게 인도자가 말하는 것에 반대로 행동하라고 말해 준다. 예를 들어 인도자가 "청기 들어" 라고 말하면 아이들은 청기를 내려야 한다.

④ 정해진 시간 안에서 여러 번 반복한다.

오늘은 요나 선지자에 관한 이야기를 듣게 될 거예요. 하나님은 요나에게 아주 중요한 일을 맡기셨어요. 요나는 하나님 말씀에 곧바로 순종할 수도 있었지만, 불순종했어요. 하나님이 가라고 하신 반대 방향으로 도망갔지요. 하나님 말씀에 순종하지 않고 도망간 요나에게 어떤 일이 일어났을까요? 함께 알아보기로 해요!

들어가기

준비물 축축하게 젖은 옷, 수건

물에 젖은 옷을 입고 들어온다. 수건으로 몸을 닦으며 말한다.

우와! 오늘 제가 전할 소식은 아마 믿기지 않을 거예요. 방금 취재를 마치고 돌아오는 길인데, 이 소식은 분명히 전국적으로 톱뉴스가 될 거예요. 제가 직접 두 눈으로 봤기 때문에 잘 알아요. 엄청나게 큰 물고기가 어떤 사람을 토해 냈지 뭐예요! 제가 그 사람과 인터뷰도 했어요. 그 사람의 이름은, 이름이 뭐였더라? 요, 용구? 아닌데. 아, 기억난다! 그 사람의 이름은 요나였어요. 요나는 지금 당장 적에게 찾아가 죄에서 돌아서라고 말해야 한다며 서둘러 자리를 떠났어요. 그런데 어디로 간다고 했더라? 아, 맞아요! 아시리아의 수도 니느웨로 간다고 했어요. 아무튼, 영상을 편집하려면 시간이 조금 걸리니까, 그동안 여러분에게 이 놀라운 소식을 먼저 전해 드릴게요!

연대표

이사야가 메시아에 대해 외쳤어요

히스기야는 남 유다의 신실한 왕이었어요

하나님이 호세아를 통해 북 이스라엘에 사랑을 전하셨어요

하나님이 요나를 통해 니느웨에 사랑을 전하셨어요

요나 이야기는 연대표에도 있어요. 연대표에서 오늘의 성경 이야기를 가리킨다. 어쩌면 이 성경 이야기를 들어 봤을지도 모르겠군요. 요나의 이야기는 어떻게 하나님의 큰 구원 이야기에 들어가 있는 걸까요? 하나님이 아들 예수님을 통해 사람들을 죄에서 구원하시려는 계획에 관한 이야기 속에 말이에요. 지금 답을 몰라도 괜찮아요. 이제 곧 알게 될 테니까요!

성경의 초점

만약 아주 얄미운 친구나 나를 괴롭히는 친구가 하나님에 대해 궁금해 하고 있다는 사실을 알게 된다면 여러분은 그 친구에게 하나님의 사랑을 얘기해 줄 수 있나요? 아이들의 대답을 기다린다. 오늘 우리는 이와 비슷한 고민에 빠진 선지자를 만나게 될 거예요. **하나님은 어떤 분이신가요? 하나님은 노하기를 더디하시고 사랑과 긍휼이 풍성하신 분이세요.** '성경의 초점'을 기억하면서 오늘의 성경 이야기를 들을 준비를 해 볼까요?

성경 이야기

요나 1~4장을 펴고, 설교 영상(지도자용 팩)을 보여 주거나 이야기 성경을 들려준다.

요나 이야기를 들어 본 사람은 손을 들어 보세요. 여러분은 아마 요나가 큰 물고기 배 속에 들어간 이야기를 알고 있을 거예요. 믿을 수 없는 이야기 같지만 사실이에요! 하나님의 말씀은 모두 진짜니까요.

이제 여러분이 성경 이야기를 얼마나 잘 들었는지 확인해 볼까요? 성경을 펼치고 요나서를 찾아 보세요. 필요하다면 아이들을 도와주거나, 성경 목차를 사용하는 방법을 가르쳐 준다.

제가 여러분에게 질문하면 정답을 맞혀 보세요. 정답이 요나서 어디에 나오는지도 같이 말해야 해요.

아이들에게 복습 질문을 한다. 필요하다면 정답이 있는 본문의 장과 절을 알려 준다.

복/습/질/문

1 하나님은 요나에게 어디로 가라고 말씀하셨나요?
  니느웨 (욘 1:2)

2 하나님은 요나가 도망가는 것을 어떻게 막으셨나요?
  큰바람을 내리시고, 폭풍을 일으키셨다 (욘 1:4)

3 요나는 선원들에게 자기를 어떻게 하라고 말했나요?
  바다에 던지라고 말했다 (욘 1:12)

4 요나가 바다에 떨어지자 어떤 일이 일어났나요?
  파도가 잠잠해지고 큰 물고기가 요나를 삼켰다 (욘 1:15, 17)

5 요나는 얼마나 오랫동안 물고기 배 속에 있었나요?

3일 밤낮 (욘 1:17)

6 요나가 물고기 배 속에서 하나님께 기도한 뒤 어떤 일이 일어났나요?

물고기가 요나를 육지에 토했다 (욘 2:10)

7 요나는 니느웨의 사람들에게 어떤 소식을 전했나요?

40일이 지나면 니느웨가 무너질 것이라는 소식을 전했다 (욘 3:4)

8 요나가 하나님의 말씀을 전했을 때 니느웨 사람들은 어떻게 했나요?

하나님을 믿고 금식을 선포하고 굵은 베옷을 입었다. 니느웨 왕과 모든 사람이 악한 길에서 돌이켜 회개했다 (욘 3:5~9)

9 하나님은 니느웨 사람들의 행동을 보시고 어떻게 하셨나요?

니느웨에 재앙을 내리지 않으셨다 (욘 3:10)

10 하나님이 니느웨 사람들에게 자비를 베푸시는 것을 본 요나는 기분이 어땠나요?

매우 싫어하고 성냈다 (욘 4:1)

11 하나님은 넝쿨을 사용해 요나에게 교훈을 주셨어요. 넝쿨은 어떻게 되었나요?

하나님이 벌레를 보내 갉아먹게 해 넝쿨이 시들어 죽었다 (욘 4:7)

12 하나님은 어떤 분이신가요?

하나님은 노하기를 더디하시고 사랑과 긍휼이 풍성하신 분이세요.

요나는 **하나님이 니느웨 사람들을 불쌍히 여기시는 것**을 보고 화가 났어요. 니느웨 사람들은 북 이스라엘의 원수였기 때문이에요. 하지만 하나님은 요나에게 하나님이 그들을 아끼고 사랑하신다는 것을 가르쳐 주셨어요. 우리는 모두 하나님의 자비가 필요한 죄인이에요. 하나님은 우리를 불쌍히 여기세요! 그래서 하나님의 원수였던 우리에게 회개의 기회를 주기 위해 예수님을 보내셨어요. 예수님은 하나님께 기꺼이 순종하셨고, 우리를 죄에서 구하기 위해 십자가에서 죽으셨어요.

복음 초청

성경과 105쪽 복음 초청 가이드를 이용해서 아이들에게 그리스도인이 되는 법을 설명해 준다. 따로 상담해 줄 사람을 정해 주고 궁금한 점이 있으면 물어보도록 격려한다.

이 시간 예수님을 마음에 모시고 싶은 친구는 함께 기도해요.

기도

하나님, 말씀을 통해 하나님은 자비로우시고, 쉽게 화내지 않으시며, 사랑이 많으신 분이라는 것을 배웠습니다. 죄인인 우리를 불쌍히 여겨 주시고, 예수님을 통해 우리를 구원해 주셔서 감사합니다. 하나님의 사랑을 늘 기억하며 사람들에게 복음을 전하는 우리가 될 수 있도록 인도해 주세요. 예수님의 이름으로 기도합니다. 아멘.

적용

TIP 설교 도입이나 적용으로 활용하거나 영상을 본 뒤 소그룹으로 나누어 풍성한 대화를 이어 갈 수 있습니다.

누군가 여러분을 기분 나쁘게 대한 적이 있나요? 그때 그 사람에게 어떤 마음이 들었나요? 다른 사람에게 자비를 베푸는 것은 쉬운 일인가요? 이 질문들을 생각하며 다음 영상을 함께 보기로 해요.

DVD 적용 예화 영상(지도자용 팩)을 보여 준다.

친구가 아니라는 이유로 또는 그 사람을 모른다는 이유로 다른 사람을 돕지 않았던 적이 있는가? 그 사람은 도움을 받을 자격이 있는 사람이었나? 왜 그렇게 생각하는가? 이 질문들을 아이들과 함께 나누어 본다.

요나는 원수들을 찾아가 하나님의 말씀을 전하고 싶지 않았어요. **하나님이 니느웨 사람들을 불쌍히 여기셨을** 때는 화가 나기도 했지요. 하지만 하나님은 모든 사람을 아끼신다고 말씀하셨어요. 하나님은 죄인들에게도 자비를 베푸세요. 우리가 죄인이었을 때 하나님은 예수님을 보내 우리 대신 십자가에서 죽게 하셨어요. 하나님이 우리에게 자비를 베푸셨기 때문에, 우리도 다른 사람들에게 자비를 베풀 수 있어요.

나침반

말씀을 낚아요!

준비물 종이 물고기(133쪽 또는 지도자용 팩), 꼬치 막대기

① 종이 물고기를 필요한 만큼 복사해 오리고 그 위에 2단원 암송을 한 어절씩 써 둔다.

② 아이들과 함께 요엘 2장 13절을 큰 소리로 읽는다.

③ 종이 물고기를 한가운데에 흩어 놓는다.

④ 아이들에게 한 사람씩 나와 5초 동안 암송 구절의 순서대로 물고기를 잡아 오라고 한다.

⑤ 종이 물고기를 다 잡아 오면, 꼬치 막대기에 암송 구절 순서대로 물고기를 끼우라고 한다.

⑥ 완성된 암송 구절을 함께 큰 소리로 읽는다.

— 하나님은 북 이스라엘에 악한 일을 행했던 니느웨 사람들과 요나에게 자비를 베풀어 죄를 뉘우치고 돌아올 기회를 주셨어요. **하나님은 어떤 분이신가요? 하나님은 노하기를 더디하시고 사랑과 긍휼이 풍성하신 분이세요.**

탐험하기

진실을 말해요

준비물 학생용 교재 32쪽, 연필, 성경

① 아이들에게 성경에서 요나 1~4장을 찾아보라고 한다.

② 요나 이야기와 관련된 문장이 참인지 거짓인지 맞혀 보라고 한다.

③ 참인 문장에는 ○에 ○표를, 거짓인 문장에는 ×에 ○표를 하라고 한다.

1 하나님은 요나에게 니느웨로 가라고 하셨어요. (욘 1:1~2) ○

2 요나는 니느웨 방향으로 가는 비행기를 탔어요. (욘 1:3)

×, 요나는 니느웨와 반대 방향으로 가는 배를 탔다

3 하나님은 큰 물고기를 보내 요나를 삼키게 하셨어요. (욘 1:17) ○

4 요나는 니느웨 사람들에게 "80일이 지나면 니느웨가 무너질 것이다!"라고 외쳤어요. (욘 3:4)

×, 40일이 지나면 니느웨가 무너질 것이라고 외쳤다

5 니느웨 사람들은 요나의 말을 무시했어요. (욘 3:5)

×, 니느웨 사람들은 요나의 말을 듣고 회개했다

6 하나님은 니느웨 사람들을 불쌍히 여기셨어요. (욘 3:10) ○

7 요나는 하나님의 결정에 만족했어요. (욘 4:1)

×, 요나는 하나님의 결정에 화가 났다

8 하나님은 요나가 해를 피할 수 있도록 집을 지어 주셨어요. (욘 4:6)

×, 하나님은 요나의 초막(오두막) 위로 넝쿨이 자라게 하셨다

— 요나는 하나님이 얼마나 자비로운 분이신지 알고 있었어요. 그래서 니느웨 사람들에게 용서받을 기회조차 주고 싶지 않았어요. 그러나 하나님의 사랑을 막을 수는 없었어요. 하나님은 하나님의 뜻에 순종하지 않았던 요나와 니느웨 사람들 모두에게 회개할 기회를 주시고 하나님께 돌아오게 하셨어요. 우리를 사랑하시는 하나님은 우리를 죄에서 구원하시기 위해서 예수님을 보내셨어요. 이제 예수님을 믿는 사람은 누구나 죄를 용서받고 구원받을 수 있어요.

말씀 따라 순종해요

준비물 학생용 교재 33쪽, 연필

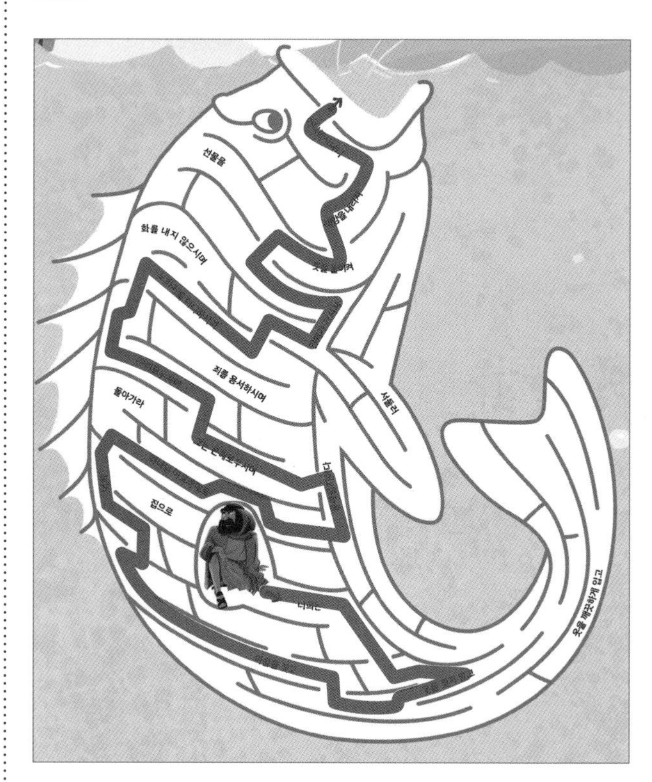

① 아이들에게 하나님의 말씀은 우리에게 주시는 자비와 사랑의 말씀이라고 말해 준다.

② 요엘 2장 13절 말씀을 따라 물고기 배 속 미로를 빠져나가 보라고 한다.

— 하나님은 요나에게 니느웨로 가서 그곳 사람들에게 하나님께 돌아오라고 전하라는 임무를 주셨어요. 니느웨는

북 이스라엘 백성을 괴롭히는 적이었기 때문에 요나는 마지못해 하나님의 말씀에 순종했어요. 요나와 달리 예수님은 사람들을 구원하기 위해 십자가에서 대신 죽어야 한다는 하나님의 뜻에 기꺼이 순종하셨어요. 마지못해 순종했던 요나를 통해 니느웨 사람들이 구원받았고, 하나님 뜻에 기꺼이 순종한 예수님을 통해 온 세상이 구원받게 되었어요. 이 모든 것이 하나님의 자비와 사랑이라는 것을 기억해요.

온 세상에 자비를 *

준비물 A4 용지, 연필, 세계 지도

① 교회가 후원하고 있는 선교사 현황을 미리 파악해 둔다.

② 세계 지도에서 지역을 짚어 가며, 아이들에게 선교지의 소식을 알려 준다.

③ 아이들에게 선교사들에게 전하고 싶은 이야기나 격려하는 이야기, 또는 선교사를 위한 기도문을 종이에 적어 보라고 한다.

TIP 교회에서 파송한 선교사가 없다면 하나님의 자비가 필요하다고 생각하는 지역에서 섬기고 있는 선교사님들을 위한 기도문을 적어 보게 한다.

— 하나님은 요나에게 니느웨에 가서 그곳 사람들에게 하나님께 돌아오라고 말하라는 임무를 주셨어요. 요나는 그 당시 해외로 파송된 첫 번째 선지자였고, 지금의 선교사와 같았어요. 선교사들은 때때로 요나처럼 용서하기 힘든 곳에 가서 하나님의 사랑과 자비를 전하라는 명령을 받아요. 하나님의 명령에 따르기 위해서는, 하나님이 죄인인 우리를 예수님의 십자가 죽음으로 용서해 주셨던 일을 기억해야 해요. 하나님의 자비로 구원받은 것에 감사하며, 용서하기 힘든 사람이나 어려운 지역을 섬기는 선교사들을 위해 기도해요.

요나 벽화 그리기 *

준비물 도화지, 사인펜이나 색연필

① 아이들과 오늘의 성경 이야기를 간단하게 복습한다.

② 둘씩 짝을 짓게 하고, 종이를 한 장씩 나누어 준다.

② 아이들에게 오늘 성경 이야기 중 기억에 남는 장면들을 그림으로 그려 보라고 한다.

③ 그림을 완성하면 다른 친구들에게 설명하는 시간을 갖는다.

— 이 이야기는 실제 일어났던 일이에요! 성경 말씀은 모두 진짜예요. 성경은 **하나님이 니느웨 사람들을 불쌍히 여기셨다**고 말해요. 악한 일을 많이 저지른 니느웨 사람들은 벌을 받아 마땅했지만, 하나님은 그들이 회개하고 죄에서 돌아서자 용서하셨어요.

죄를 지어 당연히 벌을 받아야 하지만, 하나님이 용서하신 사람은 또 누가 있을까요? 맞아요, 바로 우리예요! 성경은 우리가 모두 죄를 지었으며, 죄 때문에 하나님에게서 멀어졌다고 말해요. 하지만 우리를 정말 사랑하시는 하나님은 아들이신 예수님을 보내 우리 대신 십자가에서 죽임을 당하게 하셨어요. 하나님은 예수님을 믿고 의지하는 사람에게 용서와 영원한 생명을 주세요. 정말 좋은 소식이지요!

보물 상자

나만의 기록장

준비물 학생용 교재 34쪽, 연필

아이들에게 꾸중을 들어야 하는 상황에서 오히려 용서나 격려를 받은 경험이 있는지 물어본다. 혹은 억울하게 야단을 맞거나 비난을 들었던 경험이 있는지 물어본다. 그때 어떤 생각이 들었는지 글로 써 보라고 한다.

— 우리는 예수님을 통해 가장 위대한 선물을 받았어요. 예수님이 우리를 위해 자신의 목숨을 내주셨으니까요. 하나님이 주신 이 선물을 생각하며 매일 감사하는 우리가 되기를 바라요.

메시지 카드

이번 주 메시지 카드로 부모님과 함께 오늘 배운 성경 이야기를 나누어 보라고 한다.

기도

하나님, 니느웨 사람들을 불쌍히 여기시고 요나를 보내 구원하신 것처럼, 죄에 빠진 우리를 불쌍히 여기시고 예수님을 보내 구원해 주시니 감사합니다. 우리도 하나님을 모르는 사람들에게 구원의 기쁜 소식을 전할 수 있도록 용기를 주시고 인도해 주세요. 예수님의 이름으로 기도합니다. 아멘.

9

하나님이 요엘을 통해 남 유다에 사랑을 전하셨어요

욜 1~3장

단원 암송

너희는 옷을 찢지 말고 마음을 찢고
너희 하나님 여호와께로 돌아올지어다
그는 은혜로우시며 자비로우시며
노하기를 더디하시며 인애가
크시사 뜻을 돌이켜 재앙을 내리지
아니하시나니(욜 2:13).

성경의 초점

하나님은 어떤 분이신가요?
하나님은 노하기를 더디하시고 사랑과
긍휼이 풍성하신 분이세요.

본문 속으로

요엘 선지자가 하나님의 말씀을 전하던 때, 남 유다 왕국은 위기에 직면해 있었습니다. 메뚜기 떼의 습격을 받아 땅이 황폐해졌고, 모든 풀과 나무는 죽어 버렸습니다. 게다가 심한 가뭄까지 찾아와 큰 타격을 받았습니다.

요엘은 이 사건들을 돌아보면서 이것은 단순한 자연재해가 아니라 죄를 지은 하나님의 백성이 심판받는 것이라고 선포했습니다.

신명기 28장에서 하나님은 이렇게 말씀하셨습니다. "네가 만일 네 하나님 여호와의 말씀을 순종하지 아니하여 내가 오늘 네게 명령하는 그의 모든 명령과 규례를 지켜 행하지 아니하면 이 모든 저주가 네게 임하며 네게 이를 것이니"(신 28:15). "네가 많은 종자를 들에 뿌릴지라도 메뚜기가 먹으므로 거둘 것이 적을 것이며"(신 28:38). 이 말씀들에 예언된 일들이 그대로 일어난 것입니다.

이 재앙들은 남 유다를 향한 하나님의 경고였습니다. 요엘은 백성에게 회개하라고 말했습니다. 금식하라고 말했습니다. 함께 모여 회개하고 하나님께 부르짖으며 자비를 구하라고 말했습니다. 요엘은 앞날을 바라보았습니다. 그는 한마디로 이렇게 말했습니다. "지금 처지가 나쁜 것 같습니까? 이제 시작일 뿐입니다!"

남 유다에 대한 하나님의 심판은 끝나지 않았습니다. 여호와의 크고 두려운 날이 다가오고 있었습니다. 그날에 하나님은 쳐들어오는 군대를 통해 자신의 능력을 보이실 것입니다. 하나님과 올바른 관계에 있지 않은 사람들에게 이것은 나쁜 소식이었습니다. 하나님의 능력이 그들과 맞서 싸울 것이기 때문입니다. 그래서 요엘은 백성에게 애원했습니다. "너희는 옷을 찢지 말고 마음을 찢고 너희 하나님 여호와께로 돌아올지어다 그는 은혜로우시며 자비로우시며 노하기를 더디하시며 인애가 크시사 뜻을 돌이켜 재앙을 내리지 아니하시나니"(욜 2:13).

●● 티칭 포인트

아이들에게 하나님은 하나님의 백성을 불쌍히 여겨 그들을 회복시키기 원하시고, 자기 백성을 벌하기보다 용서하고 싶어 하는 분이심을 설명해 주십시오. 하나님은 사람들이 하나님과 바른 관계를 맺을 수 있게 하시려고 아들이신 예수님을 보내 죽음으로 우리의 죗값을 치르게 하셨습니다. 여호와의 날이 다가오고 있으며, 누구든지 주의 이름을 부르는 자는 구원을 얻는다는 것을 아이들에게 전해 주십시오.

주 제

하나님은 하나님의 백성에게
여호와의 날이 이르기 전에 회개하라고
경고하셨어요.

가스펠 링크

여호와의 날은 하나님이 온 세상을
바로잡으시는 날이에요. 하나님은
우리에게 예수님을 보내셨어요.
예수님을 믿고 의지하는 사람은
하나님의 벌을 피할 거예요.

하나님이 요엘을 통해 남 유다에 사랑을 전하셨어요 욜 1~3장

남 유다의 백성에게 큰일이 일어났어요! 심한 가뭄이 찾아온 거예요. 이 가뭄은 사람들이 하나님을 모른 체하고 하나님의 명령에 순종하지 않았기 때문에 생긴 것이었어요. 오래전 하나님은 하나님을 떠나면 어떤 어려움이 찾아올지 백성에게 미리 말씀하셨어요. 그 일이 실제로 일어난 것이지요.

남 유다 땅은 메뚜기 떼의 습격을 받았어요! 한 떼의 메뚜기들이 지나가면 또 다른 메뚜기 떼가 날아왔어요. 메뚜기들은 땅의 풀과 나무를 모두 먹어치웠어요. 들판에는 먹을 것이 하나도 남지 않았지요. 사과나무와 무화과나무, 그리고 석류나무까지 모두 말라죽었어요.

하나님은 남 유다 백성에게 전할 말씀을 요엘 선지자에게 주셨어요. 요엘은 사람들에게 "들어 보십시오. 여러분이 사는 동안 이런 일이 일어난 적이 있습니까?"라고 말했어요.

이렇게 수많은 메뚜기 떼가 남 유다 땅을 뒤덮은 적은 한 번도 없었어요. 하나님이 다른 곳으로 메뚜기 떼를 보내신 적은 있었지요. 어떤 사람들은 하나님의 백성이 이집트에서 탈출할 때의 이야기를 기억했을지도 몰라요. 모세를 통해 하나님의 백성을 구원하실 때, 하나님은 이집트 사람들의 죄를 벌하시기 위해 메뚜기 떼를 보내셨지요. 이제 하나님은 메뚜기 떼를 보내 하나님 백성의 죄를 벌하고 계셨어요.

요엘은 사람들에게 하나님께 용서를 구하라고 말했어요. "하나님의 집으로 모든 사람이 모이게 하십시오! 그리고 하나님께 부르짖으십시오. 여호와의 날이 가까이 다가왔습니다! 하나님이 보내신 심판의 날이 다가오고 있습니다!" 요엘은 하나님을 믿지 않거나 의지하지 않는 사람들에게 여호와의 날은 끔찍한 날이 될 것이라고 말했어요.

계속해서 요엘은 그날이 어떤 모습일지 이야기했어요. 강한 군대가 쳐들어오고, 모든 것이 불타버릴 거예요. 모든 사람이 두려움에 떨고, 아무도 견뎌 내지 못할 거예요.

요엘은 "여러분의 마음을 찢으며 하나님께 돌아오십시오! 하나님은 은혜로우시고 긍휼이 많으시며 화를 내는 데는 더디시고 사랑이 충만하시며 마음을 돌이켜 재앙을 거두기도 하시는 분이십니다!"라고 말했어요.

이제 하나님의 말씀은 그들에게 앞날에 대한 희망을 주었어요. 하나님이 약속하셨어요. "내가 비를 내려주겠다. 풀과 나무가 다시 자랄 것이며, 동물들이 목을 축일 것이다. 그러고 난 후 내가 모든 사람 위에 내 영을 부어 주겠다. 나 여호와의 이름을 부르는 사람은 누구나 구원받을 것이다."

"내가 유다와 예루살렘을 회복시켜 주겠다. 그러나 마지막 심판의 날이 다가오고 있다. 나를 떠난 자를 심판하고, 내 백성의 적들에게 벌을 주겠다. 너희는 내가 너희 하나님인 것을 알게 될 것이다. 죄에서 돌아서는 자를 용서하며, 내 백성과 영원히 함께할 것이다."

●● 가스펠 링크

요엘은 하나님의 백성에게 여호와의 날이 다가오고 있다고 경고했어요. 여호와의 날은 하나님이 적들을 심판하시고, 자기 백성을 풀어 주시며, 온 세상을 바로잡으시는 날이에요. 하나님은 우리에게 예수님을 보내셨어요. 예수님을 믿고 의지하는 사람은 하나님의 벌을 피할 거예요. 예수님이 우리 대신 벌을 받으셨고, 예수님의 의가 우리의 것이 되었기 때문이에요.

가스펠 준비
(10~20분)

환영

도착하는 아이들을 반갑게 맞이하고 헌금, 출석, QT 등을 확인하며 격려한다. 편안한 분위기에서 안부를 물으며 오늘의 말씀과 관련된 화제로 이야기를 나눈다. 벌레들이 유익한 경우(무당벌레는 진딧물을 잡아먹어 화초를 보호해 준다 등)와 해로운 경우(모기는 병을 옮긴다 등)에 관해 이야기를 나눈다. 자발적으로 대화에 참여하도록 이끈다.

예) "가장 좋아하는 벌레는 무엇인가요?", "우리에게 유익한 벌레는 어떤 것이 있을까요?", "어떤 벌레가 해로운 벌레이며 왜 그렇게 생각하나요?" 등.

오늘 성경 이야기에서 남 유다는 메뚜기 떼의 습격을 받았어요. 이것은 하나님의 경고였지요! 남 유다 백성은 왜 하나님의 경고를 받게 되었을까요? 이제 곧 자세히 배우게 될 거예요.

마음 열기

메뚜기 술래잡기 *

준비물 75cm 가량의 스티로폼 막대 4~6개

① 아이 중 메뚜기가 되고 싶은 아이를 2~3명 뽑는다.

② 메뚜기로 뽑힌 아이들에게 스티로폼 막대를 2개씩 준다.

③ 메뚜기는 스티로폼 막대를 더듬이처럼 이마에 대고 아이들을 잡아야 한다고 말해 준다.

④ 메뚜기에게 잡힌 아이는 제자리에 멈춰 서서 친구들에게 도움을 구하라고 한다.

⑤ 다른 아이 2명이 손을 맞잡고 잡힌 아이를 둘러싼 후, "메뚜기 약! 메뚜기 약!" 이라고 외치면 다시 놀이에 참여할 수 있다고 알려 준다.

방금 한 놀이에서 메뚜기는 유익한 곤충이었나요? 아니면 해로운 곤충이었나요? 메뚜기에게 잡혔을 때 친구들이 어떻게 도와주었나요? 오늘 우리는 성경 이야기를 통해 메뚜기 떼가 남 유다의 온 땅을 뒤덮고 모든 것을 파괴한 이야기를 듣게 될 거예요. 요엘은 메뚜기들이 하나님의 경고라고 말했어요. 성경 이야기를 들으면서 하나님의 경고가 무엇인지 알아보기로 해요.

받아라! 메뚜기! *

준비물 메뚜기 인형, 찬양곡

① 아이들을 둥글게 앉히고, 술래를 한 명 정한다.

② 술래는 메뚜기 인형을 들고 아이들 뒤를 돌다가 한 아이의 등 뒤에 인형을 몰래 놓으라고 한다.

③ 앉아 있는 아이들은 찬양을 부르다가 등 뒤에 메뚜기 인형이 있는 것을 확인하면 얼른 일어나 술래를 쫓아가야 한다고 말해 준다.

④ 술래는 잡히기 전에 비어 있는 자리에 앉아야 한다고 일러 준다. 만약 앉기 전에 잡히면 계속해서 술래를 하도록 한다.

⑤ 정해진 시간 안에서 놀이를 계속 진행한다.

메뚜기를 받으면 어떻게 해야 했나요? 맞아요, 얼른 일어나서 술래를 뒤쫓아야 했어요! 오늘 성경 이야기에도 메뚜기가 등장해요. 메뚜기는 하나님이 남 유다 백성에게 보낸 경고의 메시지였어요. 경고를 받은 사람들은 어떻게 했을까요? 오늘의 성경 이야기를 잘 들어 보세요!

가스펠 **설교**
(15~30분)

들어가기

준비물 **정장**(셔츠, 넥타이, 재킷), **나팔 또는 종**

정장 차림을 하고, 나팔을 불거나 종을 흔들며 들어온다.

이렇게 하면 모두 제 말에 집중하겠지요? 뉴스를 시작할 때마다 이렇게 해야겠어요. 이렇게 하면 사람들이 제 말에 훨씬 더 귀를 기울이게 될 거예요. 음, 오늘 전해 드릴 소식은 하나님이 요엘을 통해 남 유다 백성에게 하나님께로 돌아오라는 말씀을 전하신 이야기예요.

메뚜기 떼 때문에 남 유다에 어떤 일이 일어났는지 여러분은 믿기 힘드실 거예요! 제가 이 이야기에서 놀랍게 생각하는 점은 하나님이 백성에게 자비를 베푸시는 부분이에요. 믿기세요? 더 재미있는 소식도 있어요. 요엘서는 예수님이 언젠가 다시 이 땅에 오실 거라고 말하고 있어요. 놀랍지요? 때와 장소는 알 수 없지만, 특종인 것은 분명하군요!

연대표

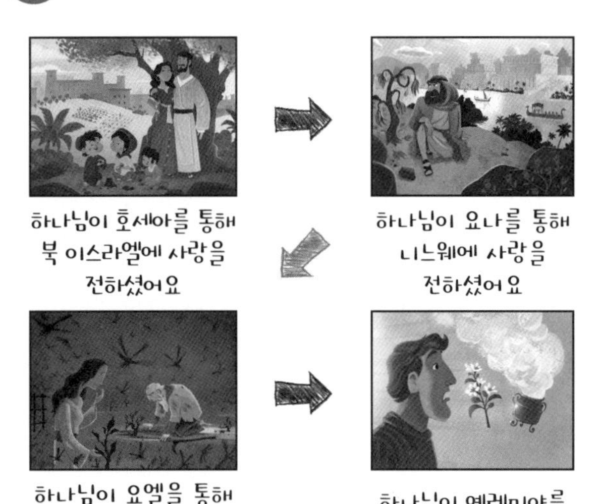

연대표에서 오늘의 성경 이야기를 가리킨다. 우리가 벌써 여기까지 왔군요. 오늘은 여기 "하나님이 요엘을 통해 남 유다에 사랑을 전하셨어요"를 들을 차례예요.

지난 두 주 동안 배웠던 선지자들의 이름을 기억하나요? 그들이 누구에게 하나님의 말씀을 전했는지도 기억하나요?

(호세아는 북 이스라엘에, 요나는 니느웨에 하나님의 말씀을 전했어요.)

성경의 초점

요나와 호세아의 이야기를 통해 우리는 하나님이 어떤 분이신지 배웠어요. 오늘 성경 이야기도 마찬가지예요. '성경의 초점' 질문과 답을 기억하나요? 다 함께 말해 볼까요? **하나님은 어떤 분이신가요? 하나님은 노하기를 더디하시고 사랑과 긍휼이 풍성하신 분이세요.** 하나님의 이런 모습이 남 유다 사람들에게는 어떻게 나타났을지 우리 함께 성경 이야기를 들어 보기로 해요.

성경 이야기

DVD 요엘 1~3장을 펴고, 설교 영상(지도자용 팩)을 보여 주거나 이야기 성경을 들려준다.

요엘이 하나님의 말씀을 전하던 시기에 남 유다는 큰 위기를 겪고 있었어요. 메뚜기 떼의 습격과 가뭄으로 온 땅이 황폐해졌지요. 요엘은 사람들의 죄 때문에 하나님이 심판하고 계신 것이라고 말했어요.

하나님은 이 재앙들을 사용해 사람들이 하나님의 말씀에 귀를 기울이게 하셨어요. 요엘은 이제 죄를 그만 짓고 하나님께 돌아오라고 말했어요. 만약 회개하지 않으면 상황은 점점 더 나빠질 것이라고 했지요. 강한 군대가 남 유다를 점령해 아무도 살아남지 못할 날이 다가오고 있다고 요엘은 경고했어요. 하지만 아직 늦지 않았어요. 요엘은 하나님이 사람들을 벌하시기보다 용서하고 싶어 하신다고 말했어요.

이제 여러분이 성경 이야기를 얼마나 기억하고 있는지 한번 확인해 볼까요?

복/습/질/문

1 남 유다는 어떤 곤충의 습격을 받았나요?

메뚜기 떼 (욜 1:4)

* 개역개정은 '팥중이, 메뚜기, 느치, 황충'이라고 서술함

2 성경에는 하나님이 메뚜기 떼를 보내신 다른 이야기가 있어요. 언제였나요?

하나님이 모세를 통해 이스라엘 백성을 이집트에서 구원하실 때, 이집트 사람들의 죄를 벌하시기 위해 메뚜기 떼를 보내셨다 (출 10:12~15)

3 요엘은 남 유다 백성에게 어떻게 하라고 말했나요?

요엘은 굵은 베옷을 입고 울며 하나님께 용서를 구하라고 말했다 (욜 1:13~14).

4 요엘은 어떤 날이 다가오고 있다고 말했나요?

여호와의 날, 하나님의 더 큰 심판의 날 (욜 2:1)

5 요엘은 여호와의 날에 어떤 일이 일어날 것이라고 말했나요?

하나님이 강한 군대를 보내 남 유다 땅을 점령하게 하실 것이다. 모든 것이 불에 탈 것이다. 모든 사람이 두려워할 것이며, 아무도 견뎌 내지 못할 것이다 (욜 2:2~11)

6 하나님은 어떤 분이신가요?

하나님은 노하기를 더디하시고 사랑과 긍휼이 풍성하신 분이세요 (욜 2:13)

7 구원을 얻는 사람은 누구인가요?

누구든지 여호와의 이름을 부르는 사람은 구원을 얻는다 (욜 2:32)

8 요엘은 하나님 백성의 적에게 어떤 일이 일어날 것이라고 말했나요?

하나님 백성의 적들을 심판하고 벌하실 것이다 (욜 3:2, 19)

하나님은 하나님의 백성에게 여호와의 날이 이르기 전에 회개하라고 경고하셨어요. 여호와의 날이 오면 하나님은 적들을 심판하시고, 자기 백성을 자유롭게 하시며, 세상을 다시 바로잡으실 거예요. 예수님을 믿고 의지하는 사람들은 하나님의 벌을 피할 거예요. 예수님이 우리 대신 죽으셔서, 예수님의 의가 우리의 것이 되었기 때문이에요.

찬양

절대 포기하지 않으시죠

하나님 사랑 우릴 절대 포기하지 않으시죠
온 맘을 다해 하나님께로 돌아오라시죠
하나님 사랑 우릴 절대 포기하지 않으시죠
변함 없으신 주님의 사랑 높여 찬양해요

주를 떠나 죄에 빠진 우리들 헤메이고 부딪히고 다칠 때
우릴 찾아 오신 예수님 주 품에 안아 주시며 우릴 감싸 주셨네.

※지도자용 팩 또는 가스펠 프로젝트 홈페이지(gospelproject.co.kr)에서 이용하세요.

복음 초청

성경과 105쪽 복음 초청 가이드를 이용해서 아이들에게 그리스도인이 되는 법을 설명해 준다. 따로 상담해 줄 사람을 정해 주고 궁금한 점이 있으면 물어보도록 격려한다.

이 시간 예수님을 마음에 모시고 싶은 친구는 함께 기도해요.

기도

하나님, 우리를 향한 하나님의 사랑과 자비에 감사드립니다. 예수님을 통해 우리를 용서하시고 하나님의 자녀로 삼아 주셔서 감사합니다. 다른 사람들도 우리처럼 예수님 안에서 용서받고 영원한 생명을 얻을 수 있도록 열심히 복음을 전하게 도와 주세요. 예수님의 이름으로 기도합니다. 아멘.

적용

TIP 설교 도입이나 적용으로 활용하거나 영상을 본 뒤 소그룹으로 나누어 풍성한 대화를 이어 갈 수 있습니다.

경고를 무시한 적이 있나요? 경고를 무시하면 어떤 일이 생길까요? 다음 영상을 보면서 한 번 생각해 보세요.

적용 예화 영상(지도자용 팩)을 보여 준다.

어떤 일을 미루거나 경고를 무시해 뒤늦게 후회한 적이 있는지 물어본다. 그 때 기분이 어땠는지 이야기를 나누어 본다.

너무 늦기 전에 해야 하는 일에는 어떤 것들이 있을까요? **하나님은** 요엘 선지자를 통해 **하나님의 백성에게 여호와의 날이 이르기 전에 회개하라고 경고하셨어요.** 우리는 예수님이 언젠가 다시 오신다는 것을 알고 있어요. 하지만 언제인지는 몰라요.

성경은 우리에게 예수님이 오실 그 날을 준비하라고 말해요. 우리도 요엘처럼 너무 늦기 전에 다른 사람들에게 이 소식을 알려 주어야 해요. 사람들에게 예수님에 관한 좋은 소식을 전하고, 그들이 예수님을 믿게 해 달라고 기도할 수 있어요. 예수님이 다시 오실 때, 예수님을 맞이하지 않는 사람들은 벌을 받고, 예수님을 믿는 사람들은 구원을 받을 거예요.

나침반

메뚜기를 잡아라

준비물 2단원 암송(128쪽), 메뚜기 인형(메뚜기 그림이 그려진 빈 500ml 물병)

① 2단원 암송 구절을 함께 큰 소리로 읽는다.

② 메뚜기 인형을 가운데 놓고 돌린다. 메뚜기의 머리가 향하는 아이에게 암송 구절을 읽으라고 한다.

③ 아이들이 익숙해질 때까지 같은 방식으로 여러 번 함께 읽는다.

④ 2단원 암송을 외운 아이가 있으면, 암송해 보라고 한다.

— 요엘 2장 13절은 하나님이 은혜로우시고, 자비로우시며, 노하기를 더디하시며, 인애가 크신 분이라고 말해요. 성경은 하나님이 어떤 분인지 알려 주어요. 호세아, 요나 그리고 요엘의 이야기들은 하나님이 사람들을 사랑하시고, 하나님을 믿기를 바라신다는 것을 보여 주지요. 하나님은 사람들을 벌하시기보다 용서하고 싶어 하세요.

하나님은 오래 참으시는 분이세요. 그렇다고 다른 사람들에게 예수님을 전하는 것을 미뤄도 된다는 말은 아니에요. **하나님은 하나님의 백성에게 여호와의 날이 이르기 전에 회개하라고 경고하셨어요.** 우리도 다른 사람들에게 예수님이 다시 오실 것이며, 예수님을 믿어야 한다고 알려 주어야 해요.

보물 지도

이번 소식은!

준비물 화이트보드, 보드마커, 색인 카드, 접착테이프, 성경

① 화이트보드의 왼쪽에는 '나쁜 소식', 오른쪽에는 '좋은 소식'이라고 제목을 써 둔다.

② 색인 카드에 아래의 성경 장과 절을 각각 써 둔다.

③ 아이들에게 성경에서 요엘서를 찾아보라고 한다. 요엘서는 구약 성경의 (소)선지서 부분에 있다고 말해 준다.

④ 아이들에게 색인 카드를 나누어 주고, 카드에 쓰인 성경 구절을 찾아 보라고 한다.

⑤ 찾은 성경 구절을 한 명씩 큰 소리로 읽게 하고, 그것이 좋은 소식인지 나쁜 소식인지 함께 말해 본다.

⑥ 다 읽은 색인 카드를 화이트보드에 알맞게 붙인다.

· 요엘 1:6~7 (나쁜 소식)
· 요엘 1:10~12 (나쁜 소식)
· 요엘 1:15~16 (나쁜 소식)
· 요엘 2:1~2 (나쁜 소식)
· 요엘 2:10~11 (나쁜 소식)
· 요엘 2:12~13 (좋은 소식)
· 요엘 2:18~19 (좋은 소식)
· 요엘 2:21~24 (좋은 소식)
· 요엘 2:25~27 (좋은 소식)
· 요엘 2:32 (좋은 소식)

— **하나님은 하나님의 백성에게 여호와의 날이 이르기 전에 회개하라고 경고하셨어요.** 요엘이 전한 말씀에는 나쁜 소식도 있었지만, 하나님을 믿는 사람들을 위한 약속도 있었어요.

요엘은 사람들에게 여호와의 날에 대해 경고했어요. 여호와의 날이 되면 하나님이 적들을 심판하시고, 자기 백성을 자유롭게 하시며, 세상을 바로잡으실 거예요. 예수님을 믿는 사람은 심판을 피할 거예요. 예수님이 우리 대신 죗값을 치르셨고, 예수님의 의가 우리의 것이 되었기 때문이에요.

탐험하기

여호와의 날이 이르기 전에

준비물 학생용 교재 36쪽, 연필

④ 아이들에게 메뚜기 암호를 풀어 2단원 '성경의 초점' 답을 완성해 보라고 한다.

하나님은 어떤 분이신가요?

하나님은 노하기를
더디하시고
사랑과 긍휼이
풍성하신 분이세요.

— **하나님은 노하기를 더디하시고 사랑과 긍휼이 풍성하신 분이세요.**

그날이 다가온다

준비물 학생용 교재 37쪽, 연필

① 아이들에게 앞으로 살면서 어떤 일들이 일어날지 물어본다.

② 각각의 일이 일어날 날짜까지 며칠이 남았는지 계산해 적어 보라고 한다.

③ 그때가 되면 아이들이 몇 살이 되는지 계산해 보라고 한다.

TIP 계산을 어려워 하는 아이가 있다면 날짜 계산을 생략하고, 대략 몇 년 정도 되는지 함께 헤아려 본다.

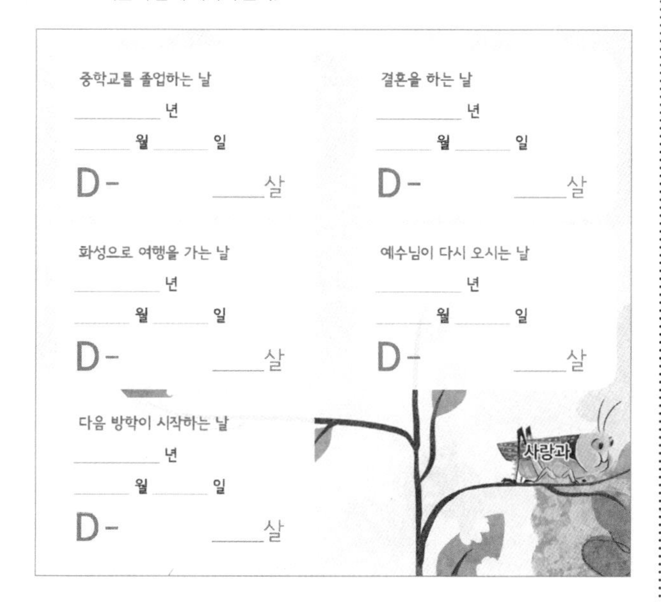

—— 예수님이 몇 월 며칠에 다시 오실지 맞혀 볼 사람 있나요? 오늘 성경 이야기에도 나오듯이 예수님이 다시 오실 날은 아무도 몰라요! 성경은 하나님의 백성에게 예수님을 맞이할 준비를 하라고 말해요. 예수님이 오실 날을 잘 준비하는 우리가 되길 바라요.

자루 달리기 *

준비물 삼베 자루 2개, 의자 2개

① 아이들을 두 팀으로 나누고, 예배실 한쪽에 팀별로 줄을 세운다.

② 각 팀에 삼베 자루를 주고, 한 사람씩 자루에 들어가 반대편까지 깡충깡충 뛰어가 의자를 돌아와야 한다고 말한다.

③ 모든 아이가 먼저 돌아온 팀이 이긴다.

—— 요엘은 사람들에게 회개하고 하나님께 용서를 구하라고 말했어요. 구약 시대 사람들은 자신의 죄를 뉘우칠 때 굵은 베로 만든 옷을 입었어요. 여러분도 상상할 수 있듯이, 굵은 베로 만든 옷은 편하지 않아요. 사람들은 하나님 앞에서 자신을 낮추는 방법으로 굵은 베옷을 입었어요. 죄를 회개하고 자신을 낮춘다는 것은 우리의 모든 것을 하나님께 맡기고 하나님이 우리의 주인이심을 인정한다는 뜻이에요. 우리는 하나님을 섬기도록 지음받았어요.

회개하고 자신을 낮추는 일은 쉽지 않아요! 남 유다 백성은 죄 속에서 살았기 때문에 하나님은 요엘을 보내 중요한 말씀을 전하셨어요. **하나님은 하나님의 백성에게 여호와의 날이 이르기 전에 회개하라고 경고하셨어요.**

 보물 상자

나만의 기록장

준비물 학생용 교재 38쪽, 연필

아이들에게 사람들에게 전하고 싶은 예수님에 관한 좋은 소식을 짧은 이야기로 써 보라고 한다. 성경은 우리에게 예수님이 다시 오시는 날을 준비하라고 말한다는 것을 상기시켜 준다.

—— 복음은 예수님에 관한 좋은 소식이에요. 여러분의 친구 가운데 복음을 모르는 사람들에게 전해주고 싶은 짤막한 이야기를 한 번 써 보세요.

TIP 105쪽 복음 초청 가이드를 이용해 아이들과 함께 복음의 내용을 간단하게 복습해 보는 것도 좋다. 그런 다음 하나님의 자비와 사랑에 감사 드리는 기도를 한다. 우리가 하나님께 온 마음을 드리기 위해 고백해야 할 것이 있다면 알려 달라고 기도한다.

메시지 카드

이번 주 메시지 카드로 부모님과 함께 오늘 배운 성경 이야기를 나누어 보라고 한다.

기도

사랑하는 하나님, 하나님은 하나님의 백성에게 여호와의 날이 이르기 전에 회개하라고 말씀하셨습니다. 왜냐하면 하나님은 사람들을 벌주기보다 용서하고 싶어 하시는 분이기 때문이에요. 우리를 사랑해 주시고 구원하기 위해 예수님을 보내 주셔서 감사합니다. 크신 하나님의 사랑을 날마다 생각하며, 하나님을 더욱 알아 갈 수 있도록 인도해 주세요. 예수님의 이름으로 기도합니다. 아멘.

3 단원 새롭게 하시는 하나님

하나님은 예레미야를 통해 죄가 영원히 용서받는 새 언약에 대해 백성에게 말하게 하셨습니다. 하지만 남 유다 백성이 계속해서 죄를 지었고, 결국 바벨론의 포로가 되어 고국을 떠나게 되었습니다. 포로 생활 중에 하나님은 에스겔을 통해 예수님이 오실 것이며 사람들이 새 생명을 찾게 될 것이라고 예언하셨습니다.

하나님이
예레미야를
부르셨어요

예레미야가
새 언약에 대해
예언했어요

The Gospel Project

에스겔이
앞날의 소망을
이야기했어요

남 유다 백성이
포로로
잡혀갔어요

카운트다운 – 복도에서

카운트다운 영상(지도자용 팩)을 틀고 예배 준비 자세를 취하도록 격려한다. 예배가 시작되는 시간에 영상이 끝나도록 맞추어 놓는다. 영상이 끝나기 30초 전에 예배 인도자는 정해진 위치에 서서 조용히 기도하는 모범을 보인다.

무대 배경 – 어린이 박물관

박물관처럼 장식한다. '안내 데스크' 책상을 하나 놓고 바다 속 동물들이나 고대 유물 같은 다양한 물건들을 진열해 두거나 전시 방향을 알리는 표지판을 세워 둔다. 화면에 어린이 박물관 배경 이미지(지도자용 팩)를 띄운다.

10

하나님이 예레미야를 부르셨어요

렘 1장

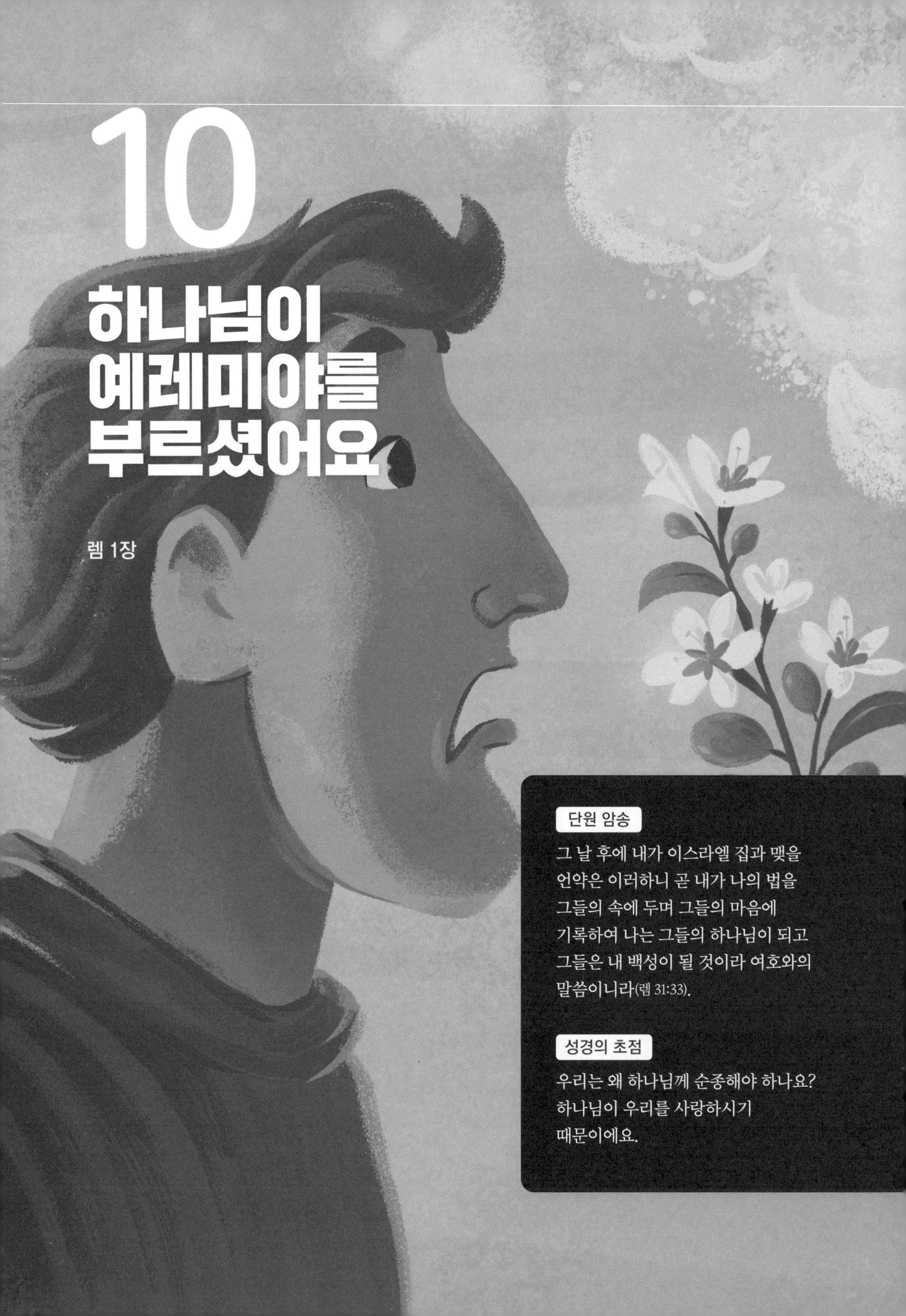

단원 암송

그 날 후에 내가 이스라엘 집과 맺을 언약은 이러하니 곧 내가 나의 법을 그들의 속에 두며 그들의 마음에 기록하여 나는 그들의 하나님이 되고 그들은 내 백성이 될 것이라 여호와의 말씀이니라(렘 31:33).

성경의 초점

우리는 왜 하나님께 순종해야 하나요? 하나님이 우리를 사랑하시기 때문이에요.

본문 속으로

"내가 너를 모태에 짓기 전에 너를 알았고 네가 배에서 나오기 전에 너를 성별하였고"(렘 1:5상). 이 말씀은 모든 것을 자신의 뜻대로 이루시는 주권자이자 창조주이신 하나님을 드러냅니다.

또한 이 말씀은 예레미야라는 한 사람에 대한 구체적인 부름으로 끝납니다. "너를 여러 나라의 선지자로 세웠노라."

예레미야는 제사장 힐기야의 아들이었습니다. 그는 예루살렘 북부에 살았습니다. 하나님이 그를 선지자로 부르시면서 예레미야의 사역이 시작되었습니다. 그 당시 남 유다의 왕은 요시야였습니다.

구약성경의 인물 중 하나님이 부르신 사람은 또 누가 있을까요? 하나님은 노아를 불러 방주를 짓게 하셨습니다(창 6장 참조). 또 아브람을 불러 고향을 떠나라고 하셨습니다(창 12:1~4 참조). 하나님은 모세를 불러 하나님의 백성을 데리고 이집트를 나가라고 하셨습니다(출 3장 참조).

하나님은 누군가를 부르실 때마다 그 일에 맞는 능력을 함께 주셨습니다. 모세처럼 예레미야도 처음에 주저했습니다. "주 여호와여 보소서 나는 아이라 말할 줄을 알지 못하나이다"(렘 1:6). 하나님은 그런 예레미야에게 함께하겠다고 말씀하시며 안심시켜 주셨습니다(렘 1:8 참조).

하나님은 예레미야를 남 유다의 선지자로 부르셨습니다. 남 유다는 우상 숭배를 비롯한 여러 죄에 깊이 빠져 있었습니다. 하나님의 심판이 다가오고 있었습니다. 예레미야의 임무는 그들에게 경고하는 것이었습니다. 하나님은 예레미야에게 두 가지 환상을 보여 주셨습니다. 첫째는 아몬드나무(살구나무, 개역개정) 가지에 대한 환상으로, 하나님이 심판의 약속을 지키실 것이며 곧 이루어질 것이라는 내용이었습니다. 둘째는 끓는 가마솥에 대한 환상으로, 하나님의 심판이 북쪽에서 올 것이라는 의미였습니다. 하나님은 북쪽의 바벨론을 심판의 도구로 사용할 계획을 갖고 계셨습니다. 그런 다음 하나님은 예레미야를 보내 하나님의 말씀을 선포하게 하셨습니다.

주 제

하나님이 하나님의 말씀을 전하는 선지자로 예레미야를 택하셨어요.

가스펠 링크

하나님은 예레미야를 불러 죄에 대한 하나님의 말씀을 전하게 하셨어요. 하나님은 처음부터 그들을 죄에서 구원할 계획을 갖고 계셨어요. 하나님은 아들이신 예수님을 보내 하나님이 어떤 분인지 사람들에게 보여 주셨어요.

●● 티칭 포인트

아이들이 예레미야의 사역과 예수님의 사역을 연결해 생각할 수 있도록 도와주세요. 하나님은 남 유다 백성에게 죄에 대한 심판을 경고하시려고 예레미야를 부르셨습니다. 예수님이 세상에 오신 이유도 사람들을 죄에서 돌이키시기 위해서였습니다. 예수님은 우리에게 죗값으로 받을 벌에 대해 경고하셨을 뿐만 아니라, 우리를 대신해 직접 그 벌을 받으셨습니다.

하나님이 예레미야를 부르셨어요 렘 1장

남 유다 왕국의 백성은 두려웠어요. 북 이스라엘 왕국이 아시리아에 의해 멸망되었기 때문이에요. 남 유다 백성은 자신들이 살아남을 수 있을지 확신할 수 없었어요. 그때 하나님은 예레미야라는 사람을 선지자로 불러 백성에게 말씀을 전하셨어요.

하나님이 예레미야에게 말씀하셨어요. "나는 너를 네 어머니의 배 속에서 만들기 전부터 알았다. 네가 태어나기도 전에 네게 특별한 일을 맡기기로 정해 두었다. 너를 여러 나라의 선지자로 세웠다."

선지자가 된다는 것은 하나님의 말씀을 듣고 그 말씀을 사람들에게 전하는 것을 말해요. 예레미야는 "아닙니다, 하나님. 저는 말을 잘할 줄 모릅니다. 저는 아직 너무나 어립니다"라고 말했어요.

하나님은 "너는 아직 어리다고 말하지 마라. 내가 너를 누구에게 보내든지 너는 그에게 가고, 내가 너에게 무슨 명을 내리든지 너는 그대로 말하여라. 너는 두려워하지 마라. 내가 늘 너와 함께 있으면서 보호해 주겠다"라고 말씀하셨어요.

그러고는 손을 내밀어 예레미야의 입에 대시며 말씀하셨어요. "내가 나의 말을 네 입에 맡긴다. 오늘 내가 여러 민족과 나라들 위에 너를 세우고, 네가 그것들을 뽑으며 허물며, 멸망시키며 파괴하며, 세우며 심게 하겠다."

하나님은 예레미야에게 두 가지 환상을 보여 주셨어요. 환상이란 깨어 있는데도 꿈꾸는 것같이 무언가 보이는 것을 말해요. 하나님이 "예레미야야, 무엇이 보이느냐?"라고 물으셨어요. 예레미야는 "아몬드나무 가지가 보입니다"라고 대답했어요. 아몬드나무 가지는 예레미야를 위한 환상이었어요. 하나님이 하시고자 하는 일을 하실 것이며, 곧 이루어질 것이라는 표시였지요.

다음으로 예레미야는 두 번째 환상을 보았어요. 끓고 있는 가마솥의 모습이었지요. 가마솥은 북쪽에서 남 유다를 향해 끓어 넘치고 있었어요. 이 환상은 심판이 북쪽에서 올 것이라는 의미라고 하나님이 말씀하셨어요. 이제 남 유다의 모든 사람에게 곧 큰일이 닥칠 거예요.

하나님은 예레미야에게 북쪽의 통치자들이 예루살렘 성문 밖에 왕국을 세울 것이라고 말씀하셨어요. 그들은 남 유다의 도시를 공격할 거예요. 그리고 하나님은 백성의 죄를 심판하실 거예요. 그들이 하나님을 떠나 자기들 손으로 만든 신을 섬겼기 때문이에요.

예레미야는 중요한 일을 맡았어요. 하나님은 그를 보낼 준비가 되셨지요. "너는 준비하고 있다가 일어나 내가 네게 명령하는 모든 것을 그들에게 말하여라. 그들을 두려워하지 마라. 그들이 너와 싸우겠지만 너를 이기지 못할 것이다. 내가 너와 함께해 너를 구할 것이기 때문이다."

●● 가스펠 링크

하나님은 예레미야가 태어나기 전부터 예레미야를 위한 계획을 갖고 계셨어요. 하나님은 예레미야를 불러 죄에 관한 하나님의 말씀을 전하게 하셨어요. 하나님은 오래전부터 아들이신 예수님을 보내 하나님이 어떤 분이신지 사람들에게 보여 주고, 그들을 죄에서 구원할 계획을 갖고 계셨어요.

가스펠 준비
(10~20분)

환영

도착하는 아이들을 반갑게 맞이하고 헌금, 출석, QT 등을 확인하며 격려한다. 새 친구가 있다면 소개한다. 편안한 분위기에서 안부를 물으며 오늘의 말씀과 관련된 화제로 이야기를 나눈다. 아이들에게 부모님이나 선생님의 지시를 따르지 않은 적이 있는지 물어보고, 왜 순종하지 않았는지 물어본다. 자발적으로 대화에 참여하도록 이끈다.

예) "어른들이 당부하거나 지시한 것을 따르지 않은 적이 있나요?", "왜 그 지시에 따르지 않았나요?", "어떤 이유가 있었나요?" 등.

마음 열기

메시지를 전해요 *

준비물 메모지, 연필

① 메모지에 다양한 지시 사항을 적고, 내용이 보이지 않도록 접어 둔다.

예) '회전목마를 타세요', '장난감 자동차를 씻으세요', '블록으로 탑을 쌓으세요' 등.

② 아이들에게 2명씩 팀을 짜게 한다.

③ 팀별로 종이를 한 장씩 뽑고, 그 내용을 다른 아이들에게 설명하라고 한다.

④ 한 사람은 동작으로만 표현하고, 나머지 한 사람은 한두 가지 단어나 소리로 표현할 수 있다고 말해 준다. 대신 정답을 직접 말해서는 안 된다고 주의를 준다.

⑤ 나머지 아이들에게 정답을 맞혀 보라고 한다.

⑥ 모든 아이가 설명할 기회를 가질 때까지 여러 번 반복한다.

— 여러분에게는 친구들에게 전해야 할 메시지가 있었어요. 여러분은 동작과 간단한 말로만 내용을 전할 수 있었지만, 오늘 성경 이야기에 나오는 예레미야 선지자는 사람들에게 하나님의 메시지를 분명하게 전해야 했어요. 과연 예레미야는 어떻게 하나님의 말씀을 전하는 선지자가 되었는지 함께 알아보기로 해요.

지시를 잘 들어요! *

준비물 벽돌 블록(팀당 20개)

① 아이들을 3~4명이 한 팀이 되도록 나누고, 각 팀에 벽돌 블록을 20개씩 나누어 준다.

② 인도자가 "시작!"을 외치면 정해진 시간 안에 최대한 높이 탑을 쌓으라고 말해 준다.

③ 그런 다음 "시작!"이라고 하지 않고 교묘하게 다른 말로 시작 신호를 준다.

④ 정해진 시간이 끝나면 아이들에게 인도자의 지시를 정말 잘 따랐는지 물어본다. 인도자가 "시작!"이라고 말한 적이 없다는 사실을 아이들에게 상기시키고, 아이들이 쌓은 탑을 하나씩 무너뜨린다.

— 안타깝게도 여러분은 제 지시를 그대로 따르지 않았어요. 오늘 성경 이야기를 보면 남 유다 백성도 하나님께 순종하기를 싫어했어요. 과연 하나님은 어떻게 하셨을까요? **하나님이 하나님의 말씀을 전하는 선지자로 예레미야를 택하셨어요.** 예레미야가 전한 말씀은 너무 늦기 전에 죄를 회개하고, 하나님께 돌아오라는 것이었어요. 수백 년 후 예수님도 같은 말씀을 전했어요. 하나님은 아들이신 예수님을 보내 우리 대신 죽임 당하시고 살아나게 하심으로, 죄인들이 하나님께 돌아갈 수 있는 길이 되게 하셨어요.

가스펠 설교
(15~30분)

들어가기

준비물 **경비원 복장**(검정 바지, 파란색 또는 흰색 셔츠), **경비원 배지, 손전등, 열쇠 꾸러미**

경비원 복장을 하고, 가슴에는 배지를 달고 등장한다. 열쇠 꾸러미와 손전등을 들고 예배실을 조심스럽게 살피며 들어온다. 아이들을 보고 깜짝 놀란다.

어이쿠, 깜짝이야! 안녕하세요, 여러분! 여러분이 여기 있는 줄 몰랐어요. 그런데 여기서 뭐 하고 있어요? 박물관은 한 시간 전에 문을 닫았는데, 몰랐나요? 지금 저는 문을 잠그려는 중이었어요. 아이들을 수상하게 쳐다본다. 그런데 정말, 왜 여기 있는 거예요? 혹시 새로 열리는 성경 전시회 소식을 들었나요? 여러분도 아시겠지만, 그 전시회는 다음 달에나 시작해요. 하지만 이왕 이렇게 오신 데다 박물관이란 곳이 문을 닫고 나면 좀 쓸쓸하기도 하니…. 신이 난 목소리로 혹시 미리 보고 싶어요? 보고 싶다고요?

좋아요! 전시 하나 정도 볼 시간은 있겠지요? 이 전시는 예레미야라는 사람에 관한 것이에요. 하나님은 예레미야를 위한 큰 계획을 갖고 계셨어요. 예레미야에게 환상도 보여 주셨지요. 예레미야가 어떤 환상을 보았는지 알면 아마 깜짝 놀랄 거예요! 그럼 출발해 볼까요?

연대표

하나님이 호세아를 통해 북 이스라엘에 사랑을 전하셨어요

하나님이 요나를 통해 니느웨에 사랑을 전하셨어요

하나님이 요엘을 통해 남 유다에 사랑을 전하셨어요

하나님이 예레미야를 부르셨어요

연대표에서 오늘의 성경 이야기를 가리킨다. 오늘의 성경 이야기가 여기 있군요. 제목은 "하나님이 예레미야를 부르셨어요" 예요. 예레미야 이야기는 구약성경의 예레미야서에 나와요. 예레미야서는 대선지서 중 하나예요. 그렇다고 예레미야가 호세아나 요나, 요엘 같은 선지자들보다 더 중요하다는 말은 아니에요. 다만 예레미야서가 소선지서들보다 더 길고 많은 내용을 담고 있다는 뜻이랍니다.

성경의 초점

전시를 둘러보는 동안 집중해서 '성경의 초점' 질문에 대한 답을 찾아보세요. '성경의 초점' 질문은 **"우리는 왜 하나님께 순종해야 하나요?"** 예요. 참 좋은 질문이군요. 그러면 오늘의 성경 이야기를 잘 듣고 답을 찾아보세요.

성경 이야기

DVD 예레미야 1장을 펴고, 설교 영상(지도자용 팩)을 보여 주거나 이야기 성경을 들려준다.

이때는 남쪽 유다 왕국에 살던 하나님의 백성에게 끔찍한 시기였어요. 북 이스라엘 왕국이 아시리아라는 나라의 공격을 받아 멸망하자, 남 유다 백성은 불안에 떨었어요. 어쩌면 자신들이 다음 차례가 될지도 모른다고 생각했기 때문이에요!

하나님은 예레미야를 부르셔서 백성에게 하나님의 말씀을 전하게 하셨어요. 예레미야는 제사장이었지만, 이제 하나님의 선지자가 되었어요. **하나님이 하나님의 말씀을 전하는 선지자로 예레미야를 택하셨어요.** 예레미야는 자신을 선택하신 하나님이 옳은 결정을 내리신 것인지 확신이 서지 않았어요. '사람들이 내 말을 안 들어주면 어떻게 하지?' 하는 걱정이 앞섰지요.

하지만 하나님은 예레미야와 함께하시고, 그에게 할 말을 주시겠다고 약속하셨어요. 그러고는 예레미야에게 두 가지 환상을 보여 주셨어요. 예레미야는 처음 환상에서 무엇을 보았나요? 아몬드나무(살구나무) 가지에 대한 환상은 예레미야를 위한 징조였어요. 그것은 하나님이 하시고자 하는 일을 하실 것이며, 곧 이루실 것이라는 표시였지요. 예레미야는 두 번째 환상에서 무엇을 보았나요? 끓고 있는 가마솥을 보았어요. 가마솥은 북쪽에서 남 유다를 향해 끓어 넘치고 있었어요. 이 환상은 하나님의 심판이 북쪽에서 올 것이라는 의미였어요. 이제 남 유다의 모든 사람에게 큰일이 닥칠 거예요. 모두 죄를 지었기 때문이지요. 불순종을 비롯한 여러 죄 때문에 엉망이 된 남 유다는 이제 하나님의 용서와 구원이 필요했어요. 우리도 남 유다와 같아요. 죄 때문에 하나님에게서 멀어졌지요. 우리도 용서받고 죄로부터 구원을 받아야 해요. 하나님은 우리를 죄에서 구하시려고 아들이신 예수님을 보내셨어요. 그리고 예수님을 믿는 모든 사람을 구원해 주시지요.

찬양

하나님의 새 약속

나를 향한 하나님 약속
마음에 새겨 주신 하나님의 법

죄로 물든 맘 새롭게 바꾸사
하나님 명령 순종할 힘을 주시네

마른 뼈가 살아나리 주님 나와 함께하리
나를 사랑하시네

주의 영이 내 안에 나의 하나님 되시네
나는 주의 소유가 되리라
주의 백성 되리라.

※지도자용 팩 또는 가스펠 프로젝트 홈페이지(gospelproject.co.kr)에서 이용하세요.

복음 초청

성경과 105쪽 복음 초청 가이드를 이용해서 아이들에게 그리스도인이 되는 법을 설명해 준다. 따로 상담해 줄 사람을 정해 주고 궁금한 점이 있으면 물어보도록 격려한다.

이 시간 예수님을 마음에 모시고 싶은 친구는 함께 기도해요.

기도

하나님, 하나님의 아들이신 예수님을 우리에게 보내 주셔서 감사합니다. 예수님을 통해 하나님과 가까워질 수 있게 되어 정말 기뻐요. 우리에게 하나님이 부르시는 소리를 들을 수 있는 귀와 그 부르심에 순종할 수 있는 용기를 주세요. 그래서 다른 사람들에게 하나님의 큰 사랑을 전할 수 있게 해 주세요. 예수님의 이름으로 기도합니다. 아멘.

적용

TIP 설교 도입이나 적용으로 활용하거나 영상을 본 뒤 소그룹으로 나누어 풍성한 대화를 이어 갈 수 있습니다.

오늘의 성경 이야기를 보면 하나님은 예레미야가 태어나기도 전에 예레미야를 선택했다고 말씀하셨어요. 하나님은 예레미야의 인생에 대한 목적을 가지고 계셨어요. 우리의 인생에도 목적이 있다는 것을 알고 있나요? 함께 생각해 보아요.

적용 예화 영상(지도자용 팩)을 보여 준다.

아이들에게 자기 삶의 목적이 무엇인지 생각해 보고 나눌 기회를 준다.

인생의 목적이 무엇인지 생각해 본 적 있나요? 하나님은 우리의 인생을 위한 계획을 갖고 계신다는 것을 알고 있나요? 하나님께 예레미야를 위한 계획이 있었듯이, 하나님은 우리를 위한 계획도 갖고 계세요.

하나님은 오래전부터 예수님을 보내 사람들을 죄에서 구원할 계획을 갖고 계셨어요. 엄청난 소식이지요! 하나님은 하나님의 영광을 위해 우리를 창조하셨어요. 다른 사람들에게 예수님을 전하는 일도 하나님께 영광을 돌리는 일이 될 수 있어요. 우리가 하나님께 쓰임받아 사람들에게 예수님 이야기를 전하는 방법에는 어떤 것들이 있을까요?

가스펠 소그룹
(10~20분)

나침반

그 말씀, 외우자!

"그 날 후에 내가 이스라엘 집과 맺을 언약은 이러하니 곧 내가 나의 법을 그들의 속에 두며 그들의 마음에 기록하여 나는 그들의 하나님이 되고 그들은 내 백성이 될 것이라 여호와의 말씀이니라"(렘 31:33).

준비물 3단원 암송(129쪽)

① 아이들에게 3단원 암송을 보여 주고 함께 큰 소리로 읽게 한다.

② 그런 후 인도자가 한 명씩 지명하여 아이들이 한 어절씩 암송하게 한다.

보물 지도

예레미야 탐구하기

준비물 성경

① 아이들에게 성경에서 예레미야 1장을 찾으라고 하고, 오늘의 성경 이야기를 간략하게 복습한다.

② 인도자가 문제를 내면 정답을 아는 아이는 손을 들어 답을 말하게 한다.

1 하나님은 언제 예레미야를 선택하셨나요?

예레미야가 태어나기 전에 여러 나라의 선지자로 선택하셨다 (렘 1:5)

2 예레미야는 하나님이 자신을 선지자로 부르셨을 때 뭐라고 답했나요?

자신은 아이라 말할 줄을 알지 못한다고 말했다 (렘 1:6)

3 하나님은 예레미야를 어떻게 안심시키셨나요?

하나님은 예레미야에게 두려워하지 말라고 말씀하시며, 예레미야와 함께하시겠다고 말씀하셨다 (렘 1:8)

4 예레미야는 처음 환상에서 무엇을 보았나요?

아몬드나무 가지 또는 살구나무 가지 (렘 1:11)

5 아몬드나무 가지가 의미한 것은 무엇인가요?

하나님이 말씀하신 것을 반드시 이루신다는 뜻이다 (렘 1:12)

6 예레미야는 두 번째 환상에서 무엇을 보았나요?

끓는 가마솥이 북쪽에서 남쪽으로 기울어져 넘치는 것을 보았다 (렘 1:13)

7 끓는 가마솥이 의미한 것은 무엇인가요?

재앙이 북쪽에서부터 남 유다의 모든 사람에게 올 것이라는 의미다 (렘 1:14)

— 남 유다 백성은 계속해서 하나님의 경고를 들었음에도 죄짓기를 멈추지 않았어요. 그래서 하나님은 예레미야에게 하나님의 말씀을 두루마리에 쓰라고 말씀하셨어요. 북쪽 지역에 있는 바벨론을 사용해 그들을 벌하시려는 하나님의 계획을 알게 되면, 혹시라도 백성이 하나님께 돌아올지 모르니까요.

하나님은 하나님의 백성에게 복을 주시려는 계획도 갖고 계셨어요. 하나님은 아브라함의 자손을 통해 온 세상에 복을 주시겠다고 약속하셨지요. 하나님은 하나님의 백성이 하나님께 순종하기를 바라셨어요. **우리는 왜 하나님께 순종해야 하나요? 하나님이 우리를 사랑하시기 때문이에요.**

탐험하기

하나님이 부르셨어요!

준비물 학생용 교재 40쪽, 연필

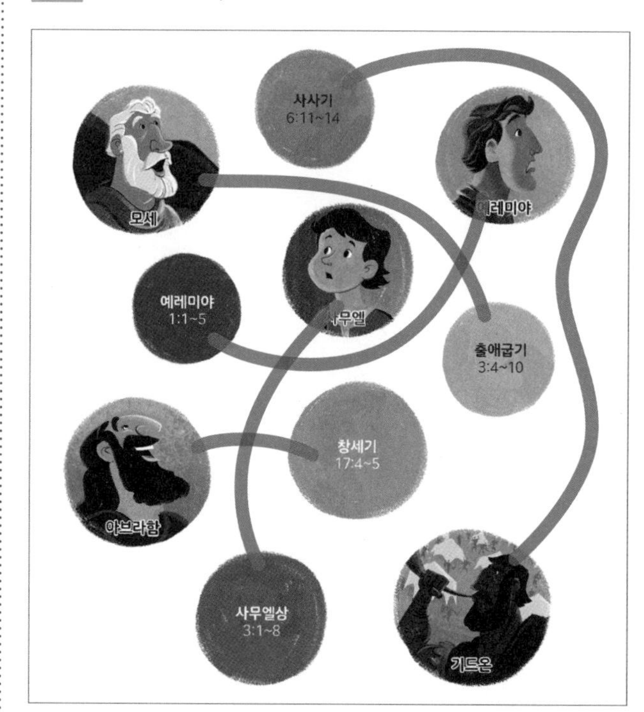

① 아이들에게 각각의 성경 구절을 찾아 하나님이 특별한 목적을 위해 누구를 부르셨는지 확인해 보라고 한다.

② 각 인물에 관해 아이들이 알고 있는 사실을 함께 나누어 본다.

—— 하나님은 성경의 많은 사람들을 부르셔서 하나님 계획의 각 부분을 이루게 하셨어요. 아브라함을 부르셔서 온 민족의 복의 근원이 되게 하셨고 모세를 부르셔서 이스라엘 백성을 이집트에서 인도하셨어요. 그리고 약속의 가나안 땅에서는 기드온과 사무엘과 같은 사사들을 통해 하나님의 통치를 보여 주셨어요. 그리고 **하나님이 하나님의 말씀을 전하는 선지자로 예레미야를 택하셨어요.**

하나님의 메시지

준비물 학생용 교재 41쪽, 57쪽, 연필, 가위

① 아이들에게 57쪽에 있는 퍼즐 조각을 오리게 한다.
② 퍼즐 조각을 풀로 붙여 퍼즐을 완성해 보라고 한다.

—— **하나님이 하나님의 말씀을 전하는 선지자로 예레미야를 택하셨어요.** 하나님은 예레미야에게 이스라엘의 회복을 약속하셨어요. 그리고 이스라엘 백성이 예레미야의 메시지를 듣고 하나님께로 되돌아와 회복되기를 바라셨어요.

변명하기 없기 *

준비물 A4 용지, 연필, 스톱워치

① 아이들을 3~4명이 한 팀이 되도록 나누고, 각 팀에 종이와 연필을 하나씩 나누어 준다.
② 인도자가 어떤 요청을 하면, 2분 동안 그 부탁을 들어줄 수 없는 변명을 가능한 한 많이 적어 보라고 한다.
요청) · 교회 화장실을 모두 청소해 주세요. / · 시편을 모두 노트에 써 주세요. / · 팔굽혀펴기를 100개 해 주세요.
③ 아이들에게 각 팀에서 쓴 변명거리를 읽어 보라고 한다.
④ 다른 팀이 적지 않은 변명을 더 많이 쓴 팀이 이긴다.

—— 하나님이 예레미야를 선지자로 세우기 위해 부르셨을 때, 예레미야가 했던 변명을 기억하나요? (나는 아이라 말할 줄을 알지 못하나이다, 렘 1:6) 하나님이 예레미야의 변명을 받아들이셨나요? (아니오) 하나님은 예레미야에게 언제나 함께하겠다고 약속하셨어요.
하나님은 우리가 하나님께 순종하기를 바라세요. 그리고 우리를 돌보기 위해 하나님이 선택하신 사람들에게도 순종하기를 바라시지요. **우리는 왜 하나님께 순종해야 하나요? 하나님이 우리를 사랑하시기 때문이에요.**

 보물 상자

나만의 기록장

준비물 학생용 교재 42쪽, 연필

아이들에게 하나님이 어떤 일을 맡기시려고 자신을 부르셨을지 생각해 보고, 글로 써 보라고 한다. 하나님은 특별한 목적을 위해 아이나 청소년도 사용하신다는 것을 말해 준다.
예) 이삭(창 22장), 사무엘(삼상 3장), 요나단(삼상 18장), 나아만의 여종(왕하 5장), 다니엘(단 1장) 등.

—— 하나님은 우리를 사랑하시고 우리에게 가장 좋은 것을 주고 싶어 하세요. 오늘의 성경 이야기에서 알 수 있듯이, 하나님의 부르심 앞에서 나이가 어리다는 것은 불순종의 이유가 될 수 없어요. 아무리 어려도 하나님은 우리를 사용하실 수 있어요. 하나님께 우리를 위한 하나님의 계획을 보여 달라고 함께 기도해요.

메시지 카드

이번 주 메시지 카드로 부모님과 함께 오늘 배운 성경 이야기를 나누어 보라고 한다.

기도

하나님의 아들 예수님을 보내 우리를 구원해 주셔서 감사합니다. 이 기쁜 소식을 다른 사람들에게 전할 수 있도록 우리를 인도해 주세요. 그리고 하나님이 우리를 부르실 때 언제나 기쁜 마음으로 순종할 힘을 주세요. 예수님의 이름으로 기도합니다. 아멘.

11

예레미야가 새 언약에 대해 예언했어요

렘 17:1~10; 31:31~34

단원 암송

그 날 후에 내가 이스라엘 집과 맺을 언약은 이러하니 곧 내가 나의 법을 그들의 속에 두며 그들의 마음에 기록하여 나는 그들의 하나님이 되고 그들은 내 백성이 될 것이라 여호와의 말씀이니라(렘 31:33).

성경의 초점

우리는 왜 하나님께 순종해야 하나요?
하나님이 우리를 사랑하시기 때문이에요.

본문 속으로

하나님은 이스라엘 백성을 이집트의 노예 생활에서 구해 내신 직후, 시내산에서 그들과 언약을 맺으셨습니다. 이 언약의 내용은 출애굽기 19장에 나와 있습니다.

하나님은 모세를 통해 이렇게 말씀하셨습니다. "너희가 내 말을 잘 듣고 내 언약을 지키면 너희는 모든 민족 중에서 내 소유가 되겠고 너희가 내게 대하여 제사장 나라가 되며 거룩한 백성이 되리라"(출 19:5~6). 하나님의 백성은 이렇게 대답했습니다. "여호와께서 명령하신 대로 우리가 다 행하리이다"(출 19:8).

그러나 이스라엘 백성은 여호와께서 명령하신 대로 행하지 않았습니다. 하나님이 법을 주셨지만, 그것을 지킬 수 없었습니다. 그들의 마음이 죄로 물들었기 때문입니다. 하나님은 반역한 백성에게 벌을 내리셨고, 북 이스라엘 백성은 결국 유배를 떠나야 했습니다. 하지만 하나님은 신실하셔서 다윗의 집안을 영원히 세우겠다는 약속을 지키셨습니다.

예레미야 시대의 남 유다 백성도 이전 시대에 살던 조상과 마찬가지로 언약을 깨뜨렸습니다. 예레미야는 새 언약에 관해 이야기했습니다. 그는 하나님이 장차 죄를 용서하시고 하나님의 법을 백성의 마음에 쓰실 어떤 날에 대해 예언했습니다. 이 예언은 예수님 안에서 성취되었습니다.

예수님은 율법을 없애려고 오신 것이 아닙니다(마 5:17 참조). 예수님은 자신의 죄 없는 삶을 통해 옛 언약의 모든 요구를 충족하셨습니다.

새 언약은 하나님이 죄를 용서하실 것이라는 약속입니다. 하나님은 아들이신 예수님을 통해 죄를 용서하십니다. 그리고 성령 하나님을 통해 우리의 마음을 바꾸시고 하나님의 명령에 순종할 힘을 주십니다.

●● 티칭 포인트

죄로 물든 마음은 하나님의 말씀에 순종하지 못하게 합니다. 하나님은 예수님께 우리의 죗값을 치르게 하셨습니다. 예수님을 믿을 때 하나님이 우리의 죄를 용서하시며, 우리의 마음을 바꾸시고, 하나님의 말씀에 순종하게 하신다는 것을 아이들에게 알려 주십시오.

주 제

하나님은 예레미야에게 새 언약에 대해 선포하라고 하셨어요.

가스펠 링크

예레미야는 하나님이 죄를 용서하시고 사람들의 마음을 새롭게 바꾸실 것이라고 예언했어요.
예수님이 이 말씀을 이루셨어요.

예레미야가 새 언약에 대해 예언했어요 렘 17:1~10, 31:31~34

하나님이 예레미야를 선지자로 부르셨어요. 하나님은 예레미야를 통해 무엇인가 크게 잘못되었다고 말씀하셨어요. 남 유다 백성은 아무리 노력해도 하나님의 말씀을 잘 지킬 수가 없었어요. 하지만 하나님은 백성을 위한 놀라운 계획을 갖고 계셨어요.

하나님은 남 유다 백성에게 심각한 죄의 문제가 있다고 말씀하셨어요. 죄의 문제는 그냥 사라지지 않아요. 마치 돌에 새긴 글씨처럼 영원히 남아 있지요. 그리고 죄는 점점 퍼져 나가요. 이 문제가 해결되지 않는 한 모든 사람이 죄라는 병에 걸리게 되지요.

하나님은 예레미야를 통해 죄에는 결과가 따른다는 것을 알려 주셨어요. 하나님은 오래전에 하나님의 백성과 언약을 맺으셨어요. 하나님께 순종하면 복을 주시고, 순종하지 않으면 그들의 죄를 벌하시겠다는 언약 말이에요. 하지만 백성은 하나님 말씀에 순종하지 않았고, 하나님은 그들의 죄를 벌하셨어요. 하나님은 백성이 땅과 재물과 자유를 잃게 될 것이라고 말씀하셨어요.

하나님은 사람들이 비뚤어진 마음을 갖고 있다고 말씀하셨어요. 꾀를 부리고 속이는 정직하지 않은 마음이지요. 이 마음은 사람들이 자기 자신을 원래보다 더 좋은 사람이라고 생각하도록 속여요. 그리고 하나님이 좋지 않게 여기시는 것들을 바라게 하고, 행동하게 만들어요.

하지만 하나님은 사람들의 비뚤어진 마음에 속지 않으세요. 오히려 그 마음을 바꾸어 주시지요. 하나님은 사람들이 죄에서 구원받을 수 있도록, 새롭고 더 나은 언약을 맺겠다고 하셨어요.

새 언약은 옛 언약과 달라요. 옛 언약에서 하나님의 명령은 글로 쓰여 있었어요. 사람들은 하나님의 명령을 어겼고, 죄를 용서받기 위해 희생 제물을 드려야 했어요. 하지만 하나님이 새 언약을 맺으실 때는 하나님의 법을 사람들의 마음에 쓰실 거예요. 그리고 하나님의 백성에게 명령을 지킬 힘도 주실 거예요. 하나님은 이렇게 말씀하셨어요. "내가 그들의 죄를 용서하고 그들의 죄를 더 이상 기억하지 않을 것이다"(렘 31:34).

●● 가스펠 링크

예레미야는 하나님이 죄를 용서하시고 사람들의 마음을 새롭게 바꾸실 어떤 날에 관해 이야기했어요. 예수님이 이 말씀을 이루셨어요. 하나님은 하나님의 아들 예수님을 통해 죄를 용서하세요. 그리고 성령님을 통해 우리를 새롭게 하시고 하나님의 명령에 순종할 힘을 주세요.

가스펠 준비
(10~20분)

환영

도착하는 아이들을 반갑게 맞이하고 헌금, 출석, QT 등을 확인하며 격려한다. 새 친구가 있다면 소개한다. 편안한 분위기에서 안부를 물으며 오늘의 말씀과 관련된 화제로 이야기를 나눈다. 아이들에게 지키기 힘든 규칙이 있는지 물어본다. 자발적으로 대화에 참여하도록 이끈다.

예) "지키기 힘든 규칙이 있나요?", "규칙을 지키지 못했을 때 어떤 일이 일어났나요?", "지키기 쉬운 규칙은 어떤 것이 있나요?" 등.

—— 규칙을 지키는 것이 힘들 수 있어요. 하나님이 주신 규칙을 어기는 것을 죄라고 불러요. 우리는 모두 죄를 짓고, 그 죄는 우리를 하나님에게서 멀어지게 해요. 구약성경에서 하나님은 하나님의 백성과 언약을 맺으셨어요. 그들이 하나님께 순종하면 복을 주시겠다고 말씀하셨지요. 하지만 사람들은 하나님께 순종하지 않았어요. 오늘 우리는 성경 이야기를 통해 하나님이 죄인들을 위해 어떤 일을 하셨는지에 대해 배우게 될 거예요.

마음 열기

공을 넘겨라 *

준비물 탱탱볼

① 아이들을 둥글게 앉히고, 공을 옆 사람에게 전달해 최대한 빨리 한 바퀴를 돌게 하라고 한다.

② 한 바퀴를 돌고 나면, 이번에는 다른 방법으로 공을 건네 보라고 한다.

예) 발로 살짝 차서 건네기, 왼손으로만 건네기, 등 뒤로 건네기 등.

③ 정해진 시간 안에서 다양한 방법으로 놀이를 반복한다.

—— 우리는 다양한 방법으로 공을 옆 사람에게 전달해 보았어요. 어떤 방법이 가장 쉬웠나요? 가장 어려운 방법은 무엇이었나요? 오늘의 성경 이야기는 앞으로 일어날 변화에 관한 것이에요. 예레미야 선지자는 하나님이 하나님의 백성과 새로운 언약을 맺으실 것이라고 말했어요. 하나님이 말씀하신 새로운 언약은 어떤 것인지 함께 살펴보기로 해요.

더 좋게 더 멋지게 *

준비물 A4 용지, 연필, 오래된 물건(구형 핸드폰, 오래된 시계 등)

① 지금은 잘 사용하지 않는 오래된 물건을 여러 개 준비해 둔다.

② 아이들에게 물건들을 보여 주고, 더 좋게 바꿀 방법이 있는지 생각해 보라고 한다.

③ 오래된 물건을 새롭게 바꿀 방법을 종이에 적으라고 한다.

④ 어떤 부분을 어떻게 바꾸었는지 이야기해 보라고 한다.

—— 오늘 성경 이야기에서 우리는 예레미야 선지자가 새로운 것에 대해 예언하는 것을 듣게 될 거예요. 예레미야는 하나님이 하나님의 백성과 새로운 언약을 맺으실 것이라고 말했어요. 새로운 언약은 무엇일까요? 오늘의 성경 이야기를 통해 함께 알아보아요.

가스펠 **설교**
(15~30분)

들어가기

준비물 **경비원 복장**(검정 바지, 파란색 또는 흰색 셔츠)**, 경비원 배지, 손전등, 열쇠 꾸러미**

경비원 복장을 하고, 가슴에는 배지를 달고 등장한다. 열쇠 꾸러미와 손전등을 들고 예배실을 조심스럽게 살피며 들어온다. 이번에도 아이들을 보고 깜짝 놀란다.

어이쿠! 또 놀랐네요. 그래도 다시 만나니 반가운걸요. 저는 지금 박물관 문을 잠그러 다니는 중이었어요. 관람 시간이 끝났는데, 여러분은 어떻게 들어왔나요? 여러분이 계속 들어오는 것을 보니 제가 경비를 제대로 못하고 있나 봐요.

좋아요, 인정해요. 박물관이 닫힌 후에 아주 놀라운 일들이 벌어지긴 하지요. 저는 조금 전 저쪽에서 구약성경에 나오는 예레미야에 대해 알게 되었어요. 예레미야는 예수님이 오시기 수백 년 전의 인물이에요. 저는 또 새 언약에 관한 글도 읽었지요. 우리 함께 가서 전시를 보면서 새 언약에 대해 알아보면 어떨까요?

연대표

하나님이 예레미야를 부르셨어요

예레미야가 새 언약에 대해 예언했어요

남 유다 백성이 포로로 잡혀갔어요

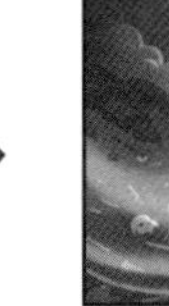

에스겔이 앞날의 소망을 이야기 했어요

지난 시간 우리는 하나님이 예레미야를 부르신 이야기를 배웠어요. **하나님이 하나님의 말씀을 전하는 선지자로 예레미야를 택하셨어요.** 연대표에서 오늘의 성경 이야기를 가리킨다. 여기 오늘의 성경 이야기가 있네요. 제목은 "예레미야가 새 언약에 대해 예언했어요"랍니다. 자, 기억하세요. '예언하다'라는 말은 '앞으로 일어날 일을 미리 말하다'라는 뜻이에요. 예레미야는 남 유다의 백성에게 하나님의 말씀을 전했어요. 하나님이 예레미야를 통해 말씀하신 새로운 언약은 시내산에서 이스라엘 백성과 맺었던 옛 언약을 대신하게 될 거예요. **하나님은 예레미야에게 새 언약에 대해 선포하라고 하셨어요.**

성경의 초점

아무리 노력해도 남 유다 백성은 하나님께 완전히 순종할 수 없었어요. 3단원 '성경의 초점'을 복습해 볼까요? **우리는 왜 하나님께 순종해야 하나요? 하나님이 우리를 사랑하시기 때문이에요.** 오늘 우리는 하나님이 새롭고 더 나은 언약을 맺겠다고 약속하신 것도 하나님의 크신 사랑 때문이라는 것을 배우게 될 거예요.

성경 이야기

DVD 예레미야 17장, 31장을 펴고, 설교 영상(지도자용 팩)을 보여 주거나 이야기 성경을 들려준다.

하나님은 예레미야에게 새 언약에 대해 선포하라고 하셨어요. 하나님께서 새롭고 더 나은 언약을 맺겠다는 내용이지요. 하나님은 우리를 정말 사랑하세요! 오늘 성경 이야기를 통해 배운 내용을 복습해 볼까요?

복/습/질/문

1. 남 유다 백성에게는 어떤 문제가 있었나요?
   죄의 문제 (렘 17:1)
2. 예레미야는 남 유다 백성이 죄 때문에 무엇을 잃게 될 것이라고 말했나요?
   그들의 재산, 보물, 산당, 기업 또는 땅 (렘 17:3~4)
3. 예레미야는 사람들의 마음을 어떻게 묘사했나요?
   사람들의 마음이 거짓되고 부패했다고 말했다. 또는 사람들의 마음이 비뚤어졌다고 말했다 (렘 17:9)
4. 하나님은 사람들의 마음을 바꾸기 위해 어떤 계획을 세우셨나요?
   새 언약을 맺겠다고 하셨다 (렘 31:31)

5 옛 언약과 새 언약의 차이점은 무엇인가요?

옛 언약에서는 하나님의 법이 글로 쓰여 있었고, 사람들은 제사를 드렸다. 새 언약에서는 하나님의 법이 사람들의 마음에 기록될 것이다 (렘 31:32~33)

6 오늘 성경 이야기의 끝부분에서 하나님은 어떤 약속을 하셨나요?

하나님이 백성의 악행을 사하시고 다시는 그 죄를 기억하지 않겠다고 약속하셨다 (렘 31:34)

복음 초청

성경과 105쪽 복음 초청 가이드를 이용해서 아이들에게 그리스도인이 되는 법을 설명해 준다. 따로 상담해 줄 사람을 정해 주고 궁금한 점이 있으면 물어보도록 격려한다.

이 시간 예수님을 마음에 모시고 싶은 친구는 함께 기도해요.

기도

하나님, 예레미야를 통해 새 언약에 대한 말씀을 주시고, 예수님을 통해 그 약속을 이루어 주셔서 감사합니다. 우리는 모두 죄인이라는 사실을 인정하며 하나님께 나아갑니다. 우리가 구원받은 것은 하나님의 말씀을 잘 지켜서가 아니라, 예수님이 우리의 죄 때문에 십자가에서 죽으시고 다시 살아나셨기 때문이었음을 늘 기억하게 도와주세요. 예수님의 이름으로 기도합니다. 아멘.

적용

TIP 설교 도입이나 적용으로 활용하거나 영상을 본 뒤 소그룹으로 나누어 풍성한 대화를 이어 갈 수 있습니다.

하나님의 규칙을 왜 지켜야 하는지 생각해 본 적 있나요? 학교나 집에서 지키는 규칙들을 떠올려 보며, 다음 영상을 함께 보기로 해요.

DVD 적용 예화 영상(지도자용 팩)을 보여 준다.

마리아의 부모님이 무슨 일을 부탁할 때 마리아는 어떤 마음을 가져야 할까요? 하나님이 우리를 위해 하신 모든 일을 떠올려 보세요. 특히 하나님이 아들이신 예수님을 보내 우리를 죄에서 구원하신 일을 생각해 보세요. 하나님이 우리에게 순종해야 할 규칙을 주실 때 우리는 어떤 마음이어야 할까요? **우리는 왜 하나님께 순종해야 하나요? 하나님이 우리를 사랑하시기 때문이에요.**

우리는 죄 때문에 하나님이 원하시는 것보다 우리가 원하는 것을 더 하고 싶어 해요. 하나님께 완전히 순종하고 싶지만, 여전히 죄를 짓지요. 그런 우리를 위해 새 언약을 주셨어요. 하나님은 예수님을 통해 우리를 구원하시고, 우리의 마음을 새롭게 바꾸셔서 하나님께 순종할 수 있도록 도와주겠다고 약속하셨어요.

가스펠 소그룹
(10~20분)

나침반

말씀 눈치 게임

준비물 3단원 암송(129쪽)

① 아이들을 둥글게 앉히고, 3단원 암송을 큰 소리로 함께 읽는다.

② 인도자가 먼저 한 구절을 말하면, 한 명씩만 무작위로 일어나 암송 구절의 다음 어절을 말해야 한다고 알려 준다.

③ 반드시 한 명씩 일어나야 하며, 동시에 2~3명이 일어나거나 어절을 말하면, 처음부터 다시 시작해야 한다고 말해 준다.

④ 정해진 시간 안에서 놀이를 반복한다.

— 오늘 외운 예레미야 31장 33절은 하나님이 이스라엘 백성과 새로운 언약을 맺으셨다고 말해요. 하나님은 하나님께 불순종하고 죄를 짓는 백성을 위해 새 언약을 주신 거예요. 그것은 백성이 지키지 못했던, 글로 쓰여진 옛 언약이었던 율법과 달리 사람들의 마음에 쓰여질 것이었어요. 그리고 하나님은 "그들의 죄를 용서하고 그들의 죄를 더 이상 기억하지 않을 것"이라고 말씀하셨어요(렘 31:34). 이것이 하나님이 백성에게 주시는 새 언약이에요! 이 언약은 우리에게도 주어졌어요. 대단하지 않나요? 앞으로 이 구절을 외우면서 하나님의 사랑의 용서를 함께 느껴보도록 해요.

보물 지도

성경 퀴즈

준비물 색인 카드, 성경

① 색인 카드에 오늘의 성경 이야기를 간략한 문장으로 써 둔다.

<예레미야 17장 1~10절>

- 하나님이 예레미야를 통해 하나님의 백성에게 말씀하셨어요.
- 남 유다 백성은 아무리 노력해도 하나님의 말씀을 잘 지킬 수 없었어요.
- 예레미야가 보니 백성에게는 죄의 문제가 있었어요.
- 죄가 퍼져 나가 모든 사람을 물들였어요.
- 하나님은 예레미야를 통해 죄에는 결과가 따른다는 것을 알려 주셨어요.
- 예레미야는 사람들에게 비뚤어진 마음이 있어서 자신을 원래보다 더 좋은 사람이라고 생각하도록 속인다고 말했어요.
- 하나님은 사람들의 마음에 속지 않으세요.

<예레미야 31장 31~34절>

- 하나님은 새 언약이 사람들을 죄에서 구할 것이라고 말씀하셨어요.
- 새 언약을 약속하신 하나님은 하나님의 법을 사람들의 마음에 쓰시고, 순종할 힘을 주실 거예요.
- 하나님은 사람들의 죄를 용서하실 거예요.

② 아이들에게 성경에서 예레미야 17장 1~10절과 31장 31~34절을 찾아 읽으라고 한다.

③ 아이들에게 색인 카드를 한 장씩 나누어 주고, 한 명씩 차례대로 카드에 적힌 문장을 읽어 보라고 한다.

④ 읽은 문장이 예레미야 17장과 31장 중 어디에 나오는 내용인지 분류해 보라고 한다.

⑤ 분류가 끝나면 오늘의 성경 이야기 주제를 큰 소리로 함께 말한다.

— **하나님은 예레미야에게 새 언약에 대해 선포하라고 하셨어요.** 예수님은 예레미야가 선포한 새 언약을 이루기 위해 오셨어요. 우리는 모두 죄를 지었어요. 남 유다 백성처럼 우리도 마음의 변화가 필요해요. 우리는 예수님을 통해 죄를 용서받고 하나님과 가까워질 수 있어요. 하나님은 성령 하나님을 통해 우리를 새롭게 하시고 하나님의 명령에 순종할 힘을 주세요.

탐험하기

하나님의 새 언약

준비물 학생용 교재 44쪽, 55쪽 다리와 말, 주사위

① 57쪽 말을 오려 게임 말을 만들고, '하나님의 복을 향해 가는 다리'를 오려 보드판 원하는 자리에 붙이게 한다.

② 주사위를 굴려 나온 수만큼 이동하다 를 만나면 화살표 방향을 따라 후퇴를, '하나님 복을 향해 가는 다리'를 만나면 하나님의 복을 향해 전진한다.

③ 말판에 3단원 암송 어절이 적힌 칸에 멈추면 3단원의 암송 구절을 처음부터 해당하는 어절이 있는 곳까지 외워야 다음 순서에 주사위를 굴릴 기회를 갖는다.

— 남 유다 백성은 하나님의 계명을 알고 있었지만, 계속해서 어겼어요. 그들에게는 마음의 변화가 필요했어요. **하나님은** 그들이 하나님을 따를 수 있도록 돕기 위해 **예레미야에게 새 언약에 대해 선포하라고 하셨어요.** 우리가 알면서도 끊임없이 죄를 지을 때 하나님은 우리가 하나님의 언약에 닿을 수 있도록 인도해 주세요.

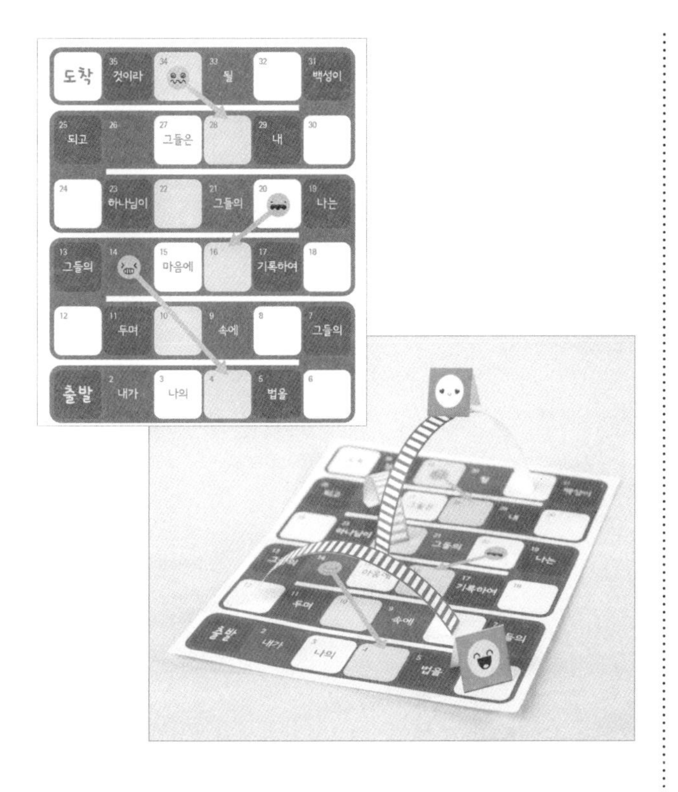

나의 마음은

준비물 학생용 교재 45쪽, 연필

① 아이들에게 죄로 인해 비뚤어진 마음은 우리 자신을 속일 수 있다는 것을 말해 준다.

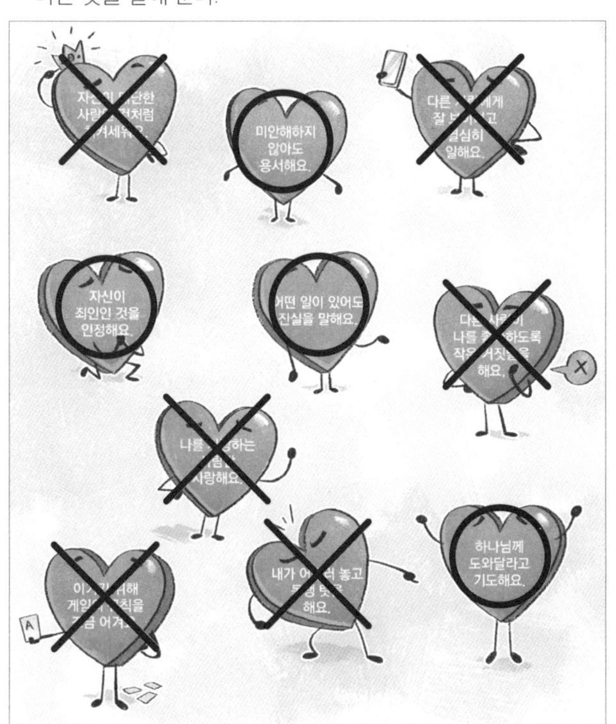

② 위의 하트 그림 중 죄짓는 마음을 나타내는 문장에는 X표를, 하나님을 기쁘시게 하는 마음을 나타내는 문장에는 O표 하라고 한다.

③ 아이들과 우리의 마음을 돌아보는 시간을 짧게 가지고, 하나님을 기쁘시게 하는 새 마음을 달라고 함께 기도한다.

예수님이 없으면 하나님을 향한 우리 마음은 돌처럼 딱딱해요. 우리는 하나님보다 우리 자신을 더 많이 사랑하지요. 하지만 예수님을 믿으면 하나님이 우리 마음을 바꾸어 주세요. 새 마음을 주시지요. 이 마음은 하나님을 향한 살처럼 부드러운 마음이에요. 하나님은 성령 하나님을 통해 우리에게 하나님을 사랑하고, 하나님께 순종할 힘을 주세요.

기억하세요. 우리가 하나님께 순종하는 것은 무언가를 얻기 위해서가 아니에요. 하나님은 이미 우리에게 가장 큰 선물을 주셨어요. 바로 하나님의 아들 예수님을 통한 구원 말이에요. 우리는 하나님이 주신 선물을 그냥 받기만 하면 된답니다. **우리는 왜 하나님께 순종해야 하나요? 하나님이 우리를 사랑하시기 때문이에요.**

언약 술래잡기 *

준비물 십계명, 시계

① 아이들에게 십계명을 외울 시간을 준다.

② 술래를 한 명 정하고, 술래잡기를 할 것이라고 말한다.

③ 술래에게 잡힌 아이는 인도자에게 가서 십계명을 외워야만 다시 놀이에 참여할 수 있다고 말해 준다. 십계명을 외우지 못한 아이는 놀이에 참여할 수 없다고 말해 준다.

④ 정해진 시간이 지나면 술래잡기를 멈추고, '새 언약'을 소개한다.

⑤ 이번에는 술래에게 잡혀도 인도자에게 가서 "예수님이 나의 죄 때문에 죽으시고 다시 살아나셨어요!"라고 말하면 놀이에 다시 참여할 수 있다고 알려 준다.

⑥ 정해진 시간 안에서 술래를 바꿔 놀이를 계속한다.

하나님이 옛 언약을 맺을 때 모세를 통해 주신 하나님의 법을 완벽하게 지킬 수 있는 사람은 예수님 말고는 아무도 없어요. 하나님도 그 사실을 잘 아세요. 하나님의 규칙은 완벽하고 옳지만 우리는 그것들을 다 지킬 수가 없어요. 죄로 오염된 우리의 마음으로는 불가능한 일이에요! 하나님은 옛 언약, 즉 모세에게 주신 율법을 통해 사람들에게 죄를 깨닫게 하세요. 죄에서 구원해 줄 누군가가 필요하다는 것을 알려 주시는 거예요.

하나님은 예레미야에게 새 언약에 대해 선포하라고 하셨어요. 예수님이 하나님의 뜻에 완전하게 순종하셨기 때문에, 우리는 새 언약 아래에서 죄를 용서받고 하나님께 더 가까이 나아갈 수 있어요. 하나님은 성령 하나님을 통해 우리를 새롭게 하세요. 그리고 하나님께 순종할 힘도 주시지요.

 보물 상자

나만의 기록장

준비물 학생용 교재 46쪽, 연필

아이들에게 하나님이 우리에게 새 언약을 주시고, 예수님을 통해 그것을 이루셨다는 것을 말해 준다. 우리가 받은 가장 큰 선물인 예수님을 기억하며 하나님께 드리는 감사의 편지를 써 보라고 한다.

— 우리는 하나님께 감사드릴 일이 너무나도 많아요. 하지만 그중에서 하나님이 예수님을 보내 주신 것은 우리에게 주신 가장 큰 선물이에요. 이 선물에 대해서는 아무리 많은 감사를 드려도 충분하지 않아요. 왜냐하면 오직 예수님을 통해서만 우리가 죄에서 구원받을 수 있기 때문이에요.

메시지 카드

이번 주 메시지 카드로 부모님과 함께 오늘 배운 성경 이야기를 나누어 보라고 한다.

기도

예레미야를 통해 새 언약을 말씀하시고, 예수님을 통해 이루신 하나님을 찬양합니다. 죄로 인해 죽을 수밖에 없는 우리를 위해 예수님을 보내 주셔서 감사합니다. 하나님이 주신 가장 큰 선물을 마음에 품고, 매일매일 하나님을 더욱 사랑하고 알아갈 수 있도록 우리를 인도해 주세요. 예수님의 이름으로 기도합니다. 아멘.

복음 초청 가이드

'나를 위한 하나님의 멋진 계획'

'복음'이라는 말을 들어 본 적 있니?
복음이란 좋은 소식이라는 뜻이야.
하나님이 우리(너)를 위해 보내 주신
놀라운 선물이지.

하나님은 세상을 만드셨단다

하나님은 온 세상을 만드셨어.
하늘, 땅, 나무, 새…. 그런데 더 놀라운 것은 사람을 만드셨다는 거야. 바로 우리(너)를 하나님이 만드셨어.
그리고 우리(너)를 사랑하신다고 성경에서 말하고 있어(요 3:16). 그래서 하나님은 우리와 항상 함께 살기를 원하시지(창 1:1; 골 1:16~17; 계 4:11).

예화 네가 정성을 다해 만든 작품이 소중하듯이 하나님이 너를 만드셨기 때문에 네가 매우 소중한 거야.

사람들은 죄를 짓고 하나님을 떠났어

모두 죄를 지었다고 성경은 말하고 있어(롬 3:23).
죄는 하나님께 불순종해 하나님이 기뻐하시지 않는 말이나 행동을 하는 거야(욕심, 거짓말, 싸움 등).
하나님은 거룩하신 분이기 때문에 죄를 가진 우리는 하나님과 함께 살 수 없게 되었단다.
사람들은 죄 때문에 하나님과 멀어져 결국 죽을 수밖에 없는 벌을 받게 되었어(롬 6:23).

하나님은 구원 계획을 갖고 계신단다

하나님은 우리(너)를 너무 사랑하셔서 우리(너)와 함께 살기를 원하셔. 그래서 대신 벌을 받기로 계획하셨어.
죄가 없으신 하나님의 아들 예수님을 이 땅에 보내셔서 우리가 받아야 할 죄의 벌을 받지 않도록 구원해 주신 거야.
죄인인 우리는 아무리 노력해도 해결할 수 없거든(요 3:16; 엡 2:8~9).

예화 손이 더러우면 어떻게 해야 깨끗해질까? 물로 씻어야겠지? 그런데 거짓말을 했을 때 물로 씻는다고 깨끗해질까?

예수님이 우리에게 생명을 주셨어

예수님은 완전하신 하나님의 아들이시지만 이 세상 사람의 몸으로 태어나셨어.
아무런 잘못이 없으시지만 너의 죄를 용서해 주시기 위해 십자가에서 죽으셨어(히 9:22). 그리고 3일 만에 다시 살아나셨어.
우리를 사랑하시는 하나님이 우리가 하나님과 함께 영원히 살 수 있는 길을 만드신 것이지. 이것이 우리를 위해 계획해 놓으신 최고의 선물이야(롬 5:8; 고후 5:21; 벧전 3:18)!

예수님! 우리 마음에 오세요!

성경은 영접하는 자 곧 그 이름을 믿는 자는 하나님의 자녀가 된다고 말하고 있어(요 1:12; 롬 10:9~10, 13).
'영접'은 손님이 문밖에서 두드리면 문을 열고 안으로 모시듯이 예수님을 "제 마음에 들어오세요" 하고 맞이하는 거야.
'믿는다'라는 것은 예수님이 나의 죄를 위해 십자가에 죽으시고 다시 살아나셨음을 진심으로 믿는다는 뜻이야.

너는 이 예수님을 마음에 모셔 들이기를 원하니? **네.**
예수님은 어떤 분이시지? 우리의 죄를 위해 십자가에 죽으시고 다시 살아나신 분이셔. 그것을 진심으로 믿을 수 있겠니? **네.**
그럼 선생님을 따라서 기도할 수 있겠니? **네.**

영접 기도

사랑하는 예수님, 저는 죄를 지었어요.
저의 죄 때문에 예수님이 십자가에 죽으시고 다시 살아나셨음을 믿어요. 지금 제 마음에 들어오셔서 저의 주님이 되어 주세요.
예수님의 이름으로 기도합니다. 아멘.

구원의 확신

너는 누구의 자녀가 되었지? **하나님이요.**
"영접하는 ○○, 곧 그 이름을 믿는 ○○에게는 하나님의 자녀가 되는 권세를 주셨으니" (요 1:12)
이제 ○○는 하나님의 자녀가 되었다고 하나님이 말씀에서 약속하셨어. 하나님의 자녀가 되었으니 다시는 싸우거나 욕심 부리는 죄를 짓지 않을 수 있을까? **아니요.**
그러면 예수님이 너의 마음에서 떠나실까? **"내가 결코 너를 떠나지도 않고 버리지도 않겠다"** (히브리서 13장 5절 말씀을 읽게 한다).
그래, 너의 마음속에 오신 예수님은 너를 떠나지도 버리지도 않으셔. 항상 너와 함께 계시면서 네가 옳은 일을 할 수 있도록 힘과 용기를 주신단다.

12
남 유다 백성이 포로로 잡혀갔어요

대하 36:1~21

단원 암송

그 날 후에 내가 이스라엘 집과 맺을 언약은 이러하니 곧 내가 나의 법을 그들의 속에 두며 그들의 마음에 기록하여 나는 그들의 하나님이 되고 그들은 내 백성이 될 것이라 여호와의 말씀이니라(렘 31:33).

성경의 초점

우리는 왜 하나님께 순종해야 하나요? 하나님이 우리를 사랑하시기 때문이에요.

본문 속으로

하나님은 오랜 세월 동안 예언자들을 보내 하나님의 백성에게 경고하셨습니다. 그들이 죄에서 돌아서기를 참을성 있게 기다리셨습니다. 예레미야 선지자는 남 유다가 악한 길에서 돌이키지 않으면 벌을 받게 될 것이라고 경고하며 그 벌의 내용을 아주 자세하게 기술했습니다(렘 15:1~14).

그러나 남 유다 백성은 죄에서 돌아서지 않았습니다. 전국적인 회개를 일으키려던 요시야왕의 노력에도 불구하고, 왕국은 몇 년간 쇠락의 길을 걸었습니다. 요시야가 죽자 사람들은 다시 옛 생활 방식으로 돌아가 우상을 숭배하고 하나님께 불순종했습니다.

드디어 심판의 때가 되었습니다. 하나님은 바벨론의 왕 느부갓네살을 사용해 남 유다 백성을 바벨론으로 옮기셨습니다. 그들은 그곳에서 70년간 유배 생활을 해야 했습니다.

여호야김이 남 유다의 왕으로 있을 때 느부갓네살이 예루살렘에 쳐들어왔습니다. 느부갓네살은 여호야김을 사슬에 묶어 바벨론으로 데려갔습니다.

이후 여호야김의 아들 여호야긴이 왕위에 오르자, 느부갓네살은 그 역시 잡아갔습니다. 남 유다의 많은 사람이 함께 끌려갔고, 하나님의 성전에 있던 보물들도 다 빼앗겼습니다. 느부갓네살은 시드기야를 남 유다의 왕으로 앉혔습니다.

남 유다의 백성은 하나님과 맺은 언약을 지키지 않았습니다. 시드기야가 느부갓네살을 배반하고 하나님의 눈앞에서 악한 일을 저지르자, 하나님은 남 유다에 분노를 쏟아부으셨습니다. 느부갓네살은 예루살렘 사람들에게 자비를 베풀지 않았습니다. 바벨론 군대는 하나님의 성전과 왕의 궁전에 불을 질렀습니다. 그들은 예루살렘을 둘러싼 성벽을 허물었습니다. 느부갓네살의 군대는 사람들을 포로로 끌고 갔고, 오직 가난한 농부들만 남아 땅을 경작하도록 허락했습니다. 남 유다 백성은 바벨론에서 70년간 포로 생활을 하며 바벨론의 왕을 섬겼습니다.

주 제

남 유다의 죄 때문에 하나님은 그들을 바벨론의 포로가 되어 쫓겨나게 하셨어요.

가스펠 링크

하나님은 아들이신 예수님에게 우리가 지은 죄의 벌을 대신 받게 하시고 그분을 영원한 왕이 되게 하셨어요.

●● 티칭 포인트

하나님은 하나님의 백성을 버리지 않으셨다는 것을 아이들에게 알려 주십시오. 예레미야 선지자는 앞으로 일어날 일을 사람들에게 이렇게 이야기했습니다. "내가 내 백성 이스라엘과 유다의 포로를 돌아가게 할 날이 오리니"(렘 30:3). 하나님은 하나님의 백성을 포로 생활에서 구해 내시고 다윗의 혈통을 가진 새 왕, 곧 영원한 왕을 세우실 것이라는 점을 아이들에게 가르쳐 주십시오.

남 유다 백성이 포로로 잡혀갔어요 대하 36:1~21

남 유다의 마지막 네 명의 왕은 요시야의 자손이었어요. 요시야의 아들인 여호아하스, 여호야김, 시드기야, 그리고 요시야의 손자인 여호야긴이 남 유다의 왕이 되었지요.

여호아하스는 왕의 자리에 오래 있지 못했어요. 하나님이 싫어하시는 일을 많이 했거든요. 그러자 이집트의 왕이 쳐들어와 그를 포로로 잡아갔어요. 그리고 이집트의 왕은 금과 은도 빼앗고, 여호아하스의 형 여호야김을 왕으로 세웠어요.

여호야김도 남 유다의 왕이 된 후 악한 일을 하기는 마찬가지였어요. 그러자 바벨론왕이 쳐들어와 여호야김을 포로로 잡아서는 바벨론으로 끌고 갔어요. 바벨론왕은 하나님의 성전에 있던 물건들을 가져가 자기 나라의 신전에 두었어요. 여호야김이 바벨론에 끌려가고, 그의 아들 여호야긴이 남 유다의 왕이 되었어요.

여호야긴이 왕의 자리에 있었던 것은 고작 3달이었지만, 그도 악한 일을 저질렀어요. 바벨론왕은 사람을 보내 여호야긴을 바벨론으로 잡아갔어요. 그러고는 여호야긴의 삼촌인 시드기야를 남 유다의 왕으로 세웠어요.

시드기야 역시 자기 형제들처럼 악한 일을 저질렀어요. 남 유다 백성도 왕을 따라 악한 일을 했지요. 예레미야 선지자가 시드기야에게 하나님이 벌을 내리실 것이라고 경고했지만, 그는 듣지 않았어요.

하나님은 남 유다 백성이 계속해서 죄를 짓고 하나님께 순종하지 않자 화가 나셨어요. 하지만 하나님은 백성을 사랑하셨어요. 그들이 하나님께 돌아오기를 바라셨지요. 그래서 선지자들을 보내 계속 경고하셨지만, 백성은 귀를 기울이지 않았어요.

마침내 남 유다 백성의 죄를 벌하실 때가 되었어요. 하나님은 바벨론왕이 군대를 이끌고 남 유다를 공격하도록 허락하셨어요. 전쟁으로 많은 사람이 죽었어요.

바벨론왕은 하나님의 성전에 있던 모든 기구와 모든 보물을 바벨론으로 가져갔어요. 그런 다음 성전을 불태워 버렸지요. 바벨론 군대는 예루살렘을 둘러싼 성벽을 모두 허물고 왕궁도 태워 버렸어요. 그들이 가져가지 않을 것은 모두 부수어 버렸어요.

살아남은 사람들은 바벨론으로 끌려가 노예가 되었어요. 하나님이 예레미야를 통해 경고하신 모든 일이 그대로 일어났어요.

●● 가스펠 링크

하나님이 하나님 백성의 죄를 벌하시는 것은 당연한 일이에요. 그런데도 하나님은 모든 왕이 다윗의 자손에서 나오게 하겠다는 약속을 지키셨어요. 하나님은 하나님의 아들이신 예수님을 통해 우리 죄를 벌하시고, 예수님을 영원한 왕으로 삼으셨어요.

가스펠 **준비**
(10~20분)

환영

도착하는 아이들을 반갑게 맞이하고 헌금, 출석, QT 등을 확인하며 격려한다. 새 친구가 있다면 소개한다. 편안한 분위기에서 안부를 물으며 오늘의 말씀과 관련된 화제로 이야기를 나눈다. 경고를 무시할 때 어떤 일이 일어날 수 있는지 물어본다. 자발적으로 대화에 참여하도록 이끈다.

예) "우리가 일상생활에서 듣는 경고는 어떤 것들인가요?", "식품의 유통 기한 표시를 무시하고 날짜가 지난 식품을 먹으면 어떻게 될까요?", "내일 시험이 있을 거라고 한 선생님의 말씀을 무시하고 시험공부를 하지 않으면 어떻게 될까요?", "혹시 경고를 무시해서 어려움을 겪은 적이 있나요?" 등.

— 어떤 일에 대해 경고하는 데는 다 이유가 있어요. 경고를 무시하면 심각한 결과가 생길 수 있기 때문이에요. 구약성경에서 하나님은 선지자들을 보내 하나님의 백성에게 경고하셨어요. 이 선지자 중 한 명이 바로 예레미야예요. 예레미야는 남 유다 백성에게 그들의 죄에 대해 경고했지만, 백성은 듣지 않았어요. 남 유다 백성에게 어떤 일이 일어났는지 알아보기로 해요.

마음 열기

나는 왕이다! *

준비물 **손바닥 정도 크기의 라벨지, 사인펜**

① 아이들에게 라벨지를 한 장씩 나누어 주고, 왕이 되고 싶은 나라의 이름을 적어 가슴에 붙이라고 한다.

② 서로 돌아가며 자신을 소개하게 한다.

③ 인도자가 "시작!" 이라고 외치면, 두 명씩 짝을 지어 가위바위보를 하라고 한다. 가위바위보에서 진 아이는 포로가 되어 이긴 아이의 뒤에서 허리를 잡고 따라다녀야 한다고 말해 준다.

④ 이긴 아이는 가위바위보를 한 아이를 제외한 나머지 아이 중에서 데려갈 포로의 수를 정할 수 있다고 알려 준다.

예) 진 아이의 뒤에 포로가 3명 있다면, 이긴 아이는 최대 3명까지 포로로 데려올 수 있다.

⑤ 시간 내에 모든 아이를 포로로 삼거나 가장 많은 수의 포로를 데려온 아이가 승리한다.

— 오늘 승리한 ○○ 아이 이름을 부른다는 어느 나라의 왕인가요? 매우 강하고 튼튼한 나라를 이루었네요. 오늘 성경 이야기에는 바벨론이라는 나라가 나와요. ○○ 의 나라처럼 매우 강하고 튼튼한 나라였어요. 바벨론은 주변 나라들을 끊임없이 괴롭혔는데, 남 유다도 그중 하나였어요. 과연 남 유다는 바벨론의 공격을 잘 이겨낼 수 있을까요? 오늘 성경 이야기를 통해 함께 살펴보아요.

어떤 벌을 받아야 할까? *

준비물 **범죄 관련 기사 스크랩**(너무 잔인하지 않은 내용)

① 아이들을 3~4명이 한 팀이 되도록 나눈다.

② 아이들에게 여러 가지 범죄 기사를 읽어 주고, 범죄자들에게 어떤 벌을 주면 좋을지 팀별로 의논해 보라고 한다. 단, 벌을 주는 목적은 범죄자를 변화시켜 다시는 같은 죄를 짓지 않게 하려는 것임을 알려 준다.

③ 팀별로 의논한 내용을 발표하게 한다.

— 남 유다 백성은 하나님의 말씀에 순종하지 않고 수많은 죄를 지었어요. 하나님은 이런 남 유다 백성을 어떻게 심판하실까요? 하나님이 남 유다 백성을 심판하시려는 이유는 무엇일까요?

 들어가기

준비물 **경비원 복장**(검정 바지, 파란색 또는 흰색 셔츠), **경비원 배지, 손전등, 열쇠 꾸러미**

경비원 복장을 하고, 가슴에는 배지를 달고 등장한다. 열쇠 꾸러미와 손전등을 들고 예배실을 조심스럽게 살피며 들어온다. 아이들을 보고 반가워한다.

오, 반가워요, 여러분! 그렇지 않아도 여러분이 다시 왔으면 하고 바라던 참이었어요. 잘 들으세요. 관람을 시작하기 전에 여러분에게 몇 가지 안전 수칙을 알려 드릴게요. 혹시라도 무슨 일이 생길지 모르니까요.

준비되었나요? 좋아요. 먼저, 불이 나도 당황하지 마세요. 가장 가까운 비상구로 질서 있게 이동하세요. 심한 비바람이 불 때는 건물 안으로 피하세요. 문이나 창문에서 멀리 떨어지는 것이 좋아요. 그리고 길을 잃으면 제자리에 서서 도와달라고 소리를 지르세요. 그러면 재빨리 달려올게요. 질문 있나요? 없다고요? 좋아요!

자, 여러분에게 미리 경고할게요. 오늘의 성경 이야기는 조금 무서워요. 알다시피, 예레미야는 남 유다 백성에게 하나님께 순종하지 않으면 어떤 일이 생길지 미리 경고했어요. 하지만 사람들은 예레미야의 말을 듣지 않았어요. 예레미야는 하나님이 그들에게 벌을 주실 거라고 말했어요. 그래도 백성은 순종하지 않았지요. 결국, 어떤 일이 일어났을까요? 한번 맞혀 보세요. 맞아요. 하나님이 벌을 내리셨어요!

 연대표

지금까지 예레미야에 대해 배운 내용을 복습해 볼까요? 연대표에서 지난 성경 이야기들을 가리킨다. **하나님이 하나님의 말씀을 전하는 선지자로 예레미야를 택하셨어요.** 지난 시간에는 하나님의 백성이 옛 언약을 지키지 못하자, 하나님이 새롭고 더 나은 언약을 맺기로 약속하셨다는 것을 배웠어요. 정말 멋진 일이에요! 연대표에서 오늘의 성경 이야기를 가리킨다. 오늘의 성경 이야기는 "남 유다 백성이 포로로 잡혀갔어요"랍니다. 이런, 하나님의 백성에게 큰일이 생긴 것 같아요.

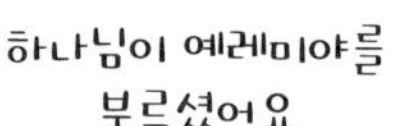

예레미야가 새 언약에
대해 예언했어요

남 유다 백성이 포로로
잡혀갔어요

에스겔이 앞날의 소망을
이야기 했어요

 성경의 초점

남 유다 백성에게 큰일이 일어난 것은 그들이 하나님께 순종하지 않았기 때문이에요. 성경 이야기를 더 듣기 전에 3단원 '성경의 초점'을 복습해 보아요. **우리는 왜 하나님께 순종해야 하나요? 하나님이 우리를 사랑하시기 때문이에요.**

 성경 이야기

DVD 역대하 36장을 펴고, 설교 영상(지도자용 팩)을 보여 주거나 이야기 성경을 들려준다.

이런, 남 유다 백성이 불순종의 대가를 톡톡히 치르고 있네요. 하나님이 그들의 죄를 벌하신 것은 당연한 일이었어요. 그런데도 하나님은 다윗의 자손 중에서 왕이 나오게 하겠다는 약속을 지키셨어요. 여러분이 성경 이야기를 얼마나 기억하는지 확인해 볼까요?

복/습/질/문

1. 남 유다의 마지막 왕 4명은 누구인가요?
   여호아하스, 여호야김, 여호야긴, 시드기야 (대하 36:1~14)
2. 이 왕들의 공통점은 무엇인가요?
   하나님이 보시기에 악한 일을 행했다 (대하 36:5, 9, 12)
3. 사람들은 하나님이 보낸 선지자들에게 어떻게 반응했나요?
   하나님이 보내신 선지자들을 비웃고, 그들의 말을 듣지 않았으며,

하나님께 불순종했다 (대하 36:16)

4 하나님은 남 유다 백성을 어떻게 벌하셨나요?

바벨론왕이 쳐들어와 많은 사람을 죽이도록 내버려 두셨다 (대하 36:17)

5 하나님의 성전은 어떻게 되었나요?

바벨론 군사들이 성전의 모든 보물을 바벨론으로 가져가고, 성전은 불태웠다 (대하 36:18~19)

6 살아남은 사람들은 어떤 일을 당했나요?

바벨론으로 잡혀가 노예가 되었다 (대하 36:20)

남 유다의 죄 때문에 하나님은 그들을 바벨론의 포로가 되어 쫓겨나게 하셨어요. 죄란 하나님의 법을 어기는 것이에요. 하나님은 죄를 미워하시고, 죄를 벌하세요. 죄를 지으면 마땅히 벌을 받아야 해요. 하지만 하나님은 우리를 너무 사랑하셔서 하나님의 아들 예수님을 보내셨어요. 우리가 받을 벌을 대신 받게 하시려고 말이에요. 예수님은 우리 죄 때문에 십자가에서 죽으셨어요. 그리고 죽은 자들 가운데서 다시 살아나셨어요. 예수님은 우리의 영원한 왕이세요!

복음 초청

성경과 105쪽 복음 초청 가이드를 이용해서 아이들에게 그리스도인이 되는 법을 설명해 준다. 따로 상담해 줄 사람을 정해 주고 궁금한 점이 있으면 물어보도록 격려한다.

이 시간 예수님을 마음에 모시고 싶은 친구는 함께 기도해요.

기도

사랑하는 하나님, 죄는 우리를 하나님에게서 멀어지게 해요. 하지만 예수님을 보내 주셔서 우리를 용서하시고 죄에서 구원해 주셔서 감사합니다. 하나님의 사랑을 기억하며 더욱 하나님께 순종할 수 있도록 도와주세요. 우리를 향한 하나님의 사랑에 감사드립니다. 우리에게 새 마음을 주신 하나님을 찬양합니다. 예수님의 이름으로 기도합니다. 아멘.

적용

TIP 설교 도입이나 적용으로 활용하거나 영상을 본 뒤 소그룹으로 나누어 풍성한 대화를 이어 갈 수 있습니다.

하나님은 선지자들을 보내 하나님의 백성에게 경고하셨어요. 경고는 왜 중요한가요? 경고를 따르지 않으면 어떤 일이 일어날까요? 이 질문을 기억하며 다음 영상을 함께 보아요.

DVD 적용 예화 영상(지도자용 팩)을 보여 준다.

예레미야가 남 유다 백성에게 어떤 경고를 했는지 기억하나요? 하나님의 경고를 무시했을 때 하나님의 백성에게 어떤 일이 일어났나요? 아이들의 대답을 기다린다. 맞아요. 그렇다면 하나님이 우리에게 주시는 경고는 어떤 것들이 있을까요? 성경에는 어떻게 살아야 할지에 대한 지시와 어떻게 살면 안 되는지에 대한 경고가 모두 있어요. 하나님은 우리에게 어떤 것이 가장 좋은지 잘 아시기 때문이지요. **우리는 왜 하나님께 순종해야 하나요? 하나님이 우리를 사랑하시기 때문이에요.**

가스펠 소그룹
(10~20분)

나침반

포스터 만들기

준비물 3단원 암송(129쪽), 풍선, 큰 비닐봉지, 유성펜

① 풍선을 여러 개 불어 3단원 암송 구절을 어절 단위로 쓰고, 큰 비닐봉지 안에 넣어 둔다.

② 아이들에게 3단원 암송 구절을 보여 주고 익숙해질 때까지 함께 여러 번 읽는다.

③ 풍선을 꺼내 암송 구절을 순서대로 나열해 보라고 한다. 팀을 나누어 어느 팀이 먼저 단원 암송을 완성하는지 겨루어도 좋다.

④ 암송 구절이 순서대로 완성되면 큰소리로 함께 읽는다.

— 아주 잘했어요! 오늘 우리는 남 유다 백성이 하나님께 불순종해서 벌을 받는 이야기를 들었어요. **남 유다의 죄 때문에 하나님은 그들을 바벨론의 포로가 되어 쫓겨나게 하셨어요.**

훗날 하나님은 예레미야를 통해 하나님의 백성이 다시 돌아오게 하겠다고 약속하셨어요. 그리고 다시 하나님의 백성을 삼으시기 위해 그들에게 마음에 새길 새 언약을 주시겠다고 하셨지요. 이 언약은 예수님을 구주로 믿고 의지하는 모두를 하나님의 백성이 되게 해 주어요!

보물 지도

죄의 사슬

준비물 성경, 가늘고 길게 자른 종이, 볼펜, 접착테이프

① 아이들에게 성경에서 역대하 36장 1~21절을 찾으라고 한다.

② 아이들과 오늘의 성경 이야기를 복습하는 동안, 아이들에게 성경 이야기에 관한 내용(일어난 사건의 핵심 단어나 이야기 속 인물의 이름 등)을 종이에 적으라고 한다. 각 아이에게 1장 이상 적으라고 한다.

예) · 남 유다의 마지막 왕 4명은 요시야왕의 자손이었다.

· 하나님은 선지자들을 보내 백성에게 경고하셨지만, 백성은 들으려고 하지 않았다.

· 하나님은 바벨론 사람들이 남 유다에 쳐들어오도록 내버려 두셨다.

③ 복습이 끝나면, 종이를 테이프로 붙여 사슬 모양으로 연결해 보라고 한다.

— 하나님이 하나님 백성의 죄에 대해 벌을 내리시는 것은 당연해요. 그들은 하나님께 순종하기를 싫어했기 때문에 벌을 받은 거예요. 종이 사슬을 들어 올린다. **남 유다의 죄 때문에 하나님은 그들을 바벨론의 포로가 되어 쫓겨나게 하셨어요.** 우리도 남 유다 백성처럼 우리가 지은 죄에 대한 벌을 받아야 해요. 성경은 죄의 삯은 사망이라고 말하고 있어요. 우리에게는 좋지 않은 소식이지요. 하지만 하나님은 우리를 너무 사랑하셔서 아들이신 예수님을 보내셨어요. 우리가 받을 벌을 대신 받게 하시려고 말이에요. 예수님은 죄를 하나도 짓지 않으셨어요. 그런데도 우리 대신 십자가에서 죽으셨어요. 3일 만에 살아나신 예수님은 지금도 여전히 살아 계세요!

예수님을 우리의 주님과 구원자로 믿고 의지할 때, 하나님은 우리 죄를 용서하세요. 하나님은 우리를 죄에서 풀어 주시고 종이 사슬을 끊는다. 우리에게 영원한 생명을 주세요. 우리가 무엇을 해서가 아니라, 예수님이 우리를 위해 하신 일 때문에요. 이것이 바로 최고로 좋은 소식이지요!

탐험하기

뒤죽박죽 순서를 맞춰라!

준비물 학생용 교재 48쪽, 연필

① 아이들에게 순서가 뒤죽박죽된 글자를 찾아보라고 한다.

② 글자의 순서를 바로잡아 빈칸에 써 보라고 한다.

③ 완성한 문장을 함께 큰 소리로 읽는다.

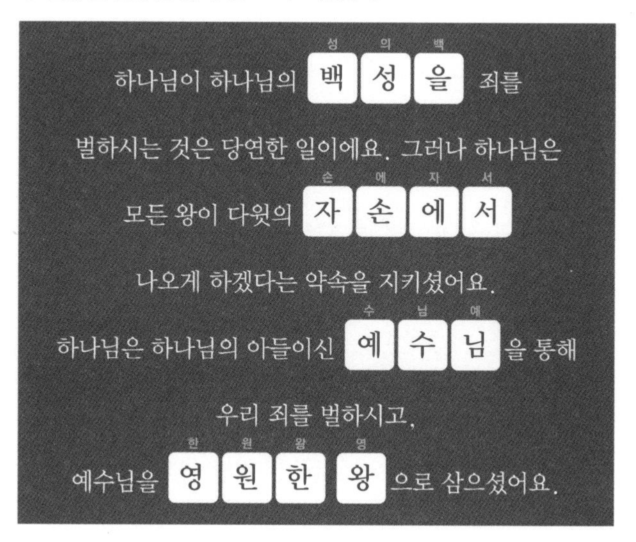

— 남 유다의 마지막 왕 4명은 하나님 앞에 죄악을 저질렀어요. 그리고 그들이 다스리는 사이 남 유다는 다른 나라

들의 공격을 받았어요. 이집트의 공격을 받았을 때는 왕이 포로로 잡혀갔고, 바벨론의 공격을 받았을 때는 성전이 불에 타고 사람들이 노예로 끌려갔어요. 하나님은 죄를 짓는 왕들과 백성을 벌할 수 있으세요. 죄인인 우리를 벌하실 수도 있어요. 하지만 우리를 사랑하시는 하나님은 우리 죄에 대한 대가를 예수님이 대신 치르게 하시고 우리의 영원한 왕이 되게 하셨어요. 하나님은 다윗의 자손에서 왕이 나올 것이라는 약속을 지키신 거예요!

못난이 왕

준비물 학생용 교재 49쪽, 연필, 성경

① 아이들에게 빈칸에 정답을 적어 십자 퍼즐을 완성해 보라고 한다.
② 빈칸에는 단어의 자음과 모음을 각각 써 넣어야 한다고 말해 준다.
③ 답을 잘 알지 못할 때는 성경을 찾아보게 한다.

남 유다의 마지막 왕들은 하나님의 말씀을 따르지 않는 악한 왕들이었어요. 남 유다 백성도 왕들을 따라 악한 일을 많이 저질렀어요. 모두 하나님이 기뻐하시지 않는 일이었지요. 하지만 하나님은 하나님의 백성을 사랑하시기 때문에 다윗의 자손에서 왕이 나오게 하겠다는 약속을 지키셨어요. 먼 훗날 예수님을 이 땅의 마지막이자 영원한 왕으로 보내셔서 우리의 죄에 대한 벌을 대신 받게 하시고 우리를 구원하셨어요. **우리는 왜 하나님께 순종해야 하나요? 하나님이 우리를 사랑하시기 때문이에요.**

왕을 사로잡아라! *

준비물 색인 카드, 접착테이프, 사인펜

① 색인 카드를 아이들 수만큼 준비하고 여호아하스, 여호야김, 시드기야, 여호야긴의 이름을 각각 적어 둔다.
② 술래를 한 명 정하고, 아이들이 보이지 않도록 등지고 서 있으라고 한다.
③ 나머지 아이들의 등에 이름이 적힌 카드를 붙여 주고, 예배실의 한쪽에 나란히 서라고 한다.
③ 술래에게 예배실 한가운데 서서 왕들의 이름 중 하나를 부르라고 한다.
④ 이름이 불린 왕의 이름표를 단 아이들은 술래를 피해 예배실 반대편으로 가야 한다고 말해 준다.
⑤ 술래에게 잡히면 그 자리에 앉아야 하며, 앉은 채로 이동하는 다른 아이들을 잡을 수 있다고 일러 준다.
⑥ 정해진 시간 안에서 술래를 바꿔 가며 놀이를 반복한다.

오늘 성경 이야기 속의 왕들은 하나님이 보시기에 악한 일을 했어요. 하나님은 선지자들을 보내 백성에게 경고하셨지만, 백성은 들으려고 하지 않았지요. **남 유다의 죄 때문에 하나님은 그들을 바벨론의 포로가 되어 쫓겨나게 하셨어요.** 그런데도 하나님은 언젠가 그들을 다시 불러 새 마음과 하나님께 순종할 힘을 주시겠다고 약속하셨어요.
'성경의 초점' 질문과 답을 기억하나요? **우리는 왜 하나님께 순종해야 하나요? 하나님이 우리를 사랑하시기 때문이에요.**

악한 왕은 누구일까? *

준비물 동전 4개

① 술래를 한 명 정하고, 예배실 한쪽 끝에 앉아 있으라고 한다.
② 나머지 아이들에게 술래의 반대쪽 끝에 나란히 앉으라고 한다.
③ 가장 끝에 앉은 아이에게 동전 4개를 준다. 이 동전을 가진 사람은 여호아하스, 여호야김, 시드기야, 여호야긴 왕을 상징한다고 말해 준다.
④ 술래가 눈치채지 못하게 옆 친구에게 동전을 조심히 건네주라고 한다. 이때 동전을 모두 건네줄 수도 있고, 일부만 건네줄 수도 있

다고 말해 준다.

⑤ 동전이 다 전달되면, 술래에게 동전을 가지고 있는 아이가 누구인지 맞혀 보라고 한다.

⑥ 술래가 선택한 아이들이 동전을 가졌는지 확인한다.

⑦ 정해진 시간 안에서 술래를 바꾸어 놀이를 반복한다. 가장 많은 동전을 찾아낸 사람이 승리한다.

하나님은 남 유다의 악한 왕들이 포로로 잡혀가게 하셨어요. 우리는 누가 악한 왕인지 알 수 없지만, 마음을 보시는 하나님은 누가 악한 왕인지 선한 왕인지 아신답니다.

북 이스라엘과 남 유다가 멸망했어요 *

준비물 **큰 비닐 2개, 모래, 깃발 2개**

① 두 군데에 넓은 비닐을 깔고 그 위에 모래를 쌓는다. 모래 꼭대기에는 '북 이스라엘'과 '남 유다'라고 적힌 작은 깃발을 각각 꽂아 둔다.

② 아이들을 두 팀으로 나누고, 한 명씩 차례대로 모래를 한 줌씩 가져가라고 한다.

③ 모래를 가져갈 때 깃발을 쓰러뜨리지 않도록 조심해야 한다고 일러 준다.

④ 깃발을 먼저 쓰러뜨린 팀이 진다.

하나님은 북 이스라엘이 하나님께 순종하지 않자, 아시리아에 의해 멸망하게 하셨어요. 마찬가지로 하나님께 순종하지 않는 남 유다는 바벨론에 의해 멸망했지요. 하나님은 순종하지 않은 백성을 벌하신 거예요. 그런데도 하나님은 다윗의 자손에게서 왕이 나오게 하겠다는 약속을 지키셨어요. 바로 우리를 죄에서 구원해 주신 예수님을 통해서 말이에요.

보물 상자

나만의 기록장

준비물 **학생용 교재 50쪽, 연필**

아이들에게 불순종의 결과로 곤란을 겪었던 적이 있는지 물어본다. 그때의 경험을 글로 써 보라고 한다.

죄란 하나님께 불순종하는 것이에요. 남 유다 백성처럼 우리도 죄에 대한 벌을 받아 마땅한 사람들이에요. 하나님이 하나님 백성의 죄를 벌하시는 것은 당연한 일이에요. 하지만 우리를 사랑하시는 하나님은 예수님을 보내 우리가 받을 죄의 벌을 대신 받게 하셨어요. 그리고 예수님을 우리의 영원한 왕으로 삼으셨어요. 하나님은 모든 왕이 다윗의 자손에서 나오게 하겠다는 약속을 지키셨어요.

메시지 카드

이번 주 메시지 카드로 부모님과 함께 오늘 배운 성경 이야기를 나누어 보라고 한다.

기도

하나님께 불순종하고 죄를 짓는 하나님의 백성을 끝까지 사랑하시고, 또 백성과 맺으신 언약을 지키시는 하나님의 모습에서 크신 사랑을 느낍니다. 우리도 하나님께 불순종하고 죄를 지을 때가 많습니다. 하지만 우리를 사랑하셔서 예수님을 보내 우리의 죗값을 대신 치르게 하시고 구원해 주셔서 감사합니다. 하나님의 크신 사랑을 늘 기억하며 언제나 하나님께 순종하는 우리가 될 수 있도록 인도해 주세요. 예수님의 이름으로 기도합니다. 아멘.

칼럼

교육 철학인가, 교육 방법론인가?

'철학'이라는 용어는 종종 부정적으로 사용됩니다. 하지만 사실 정의를 보면 철학은 긍정적이지도, 부정적이지도 않은 중립적인 단어입니다. 미리암 웹스터 사전의 정의에 따르면, 철학이란 "한 개인이나 집단의 가장 기본적인 신념, 개념, 또는 태도"입니다.

주일학교 사역을 하다 보면 철학과 방법론이 혼동될 때가 있습니다. 방법은 철학을 나타낼 수는 있지만, 철학보다 훨씬 유동적입니다. 다음의 방법으로 둘을 구별할 수 있습니다.

1. 철학은 성경적 신념 위에 세워집니다. 아이들을 예수님께 인도하려는 열망도 철학의 한 내용이 됩니다. 반면 방법은 우리의 성경적 신념을 가르치는 수단입니다. 아이들을 예수님께 인도하기 위해 공동체 게임, 단어 찾기, 만들기, 영상 등의 수단을 동원하는 것입니다.

2. 철학은 굉장히 개인적이며, 오랜 시간이 지나도 근본적인 것은 거의 변하지 않거나 전혀 변하지 않습니다. 반면 방법은 유연성이 있습니다. 10년마다, 해마다, 주마다 변하며 아이들에 따라서도 달라집니다.

3. 철학은 분명하고 간결하게 표현할 수 있습니다. 반면 방법은 무한히 나열할 수 있습니다.

그렇다면 "색칠 공부를 하는 것은 철학에 기반한 것입니까, 방법론에 기반한 것입니까?" 대답을 하기 전에 유치부실 앞 복도나 초등부실 앞 복도를 한번 살펴보십시오. 만약 그림이나 공작품들이 모두 비슷하다면 교사들은 과정보다 결과를 중요하게 생각했을 것입니다. 만약 그림이 추상화 같고 공작품들이 비뚤비뚤하다면 교사들은 결과보다 과정을 우선시하는 철학을 가지고 있을 가능성이 있습니다.

저는 두 번째 시나리오가 더 마음에 듭니다. 그래야 거의 변하지 않는 제 철학을 동력 삼아 다양한 방법들을 추진해 나갈 수 있을 것이기 때문입니다. 여러분은 어느 쪽이 더 좋으십니까?

랜드리 홈스(Landry Holmes)는
라이프웨이크리스천리소스(LifeWay Christian Resources)
어린이 사역부 매니저이며, 테네시 중부에 있는
교회의 유치부와 초등부에서 가르치고 있습니다.

13

에스겔이 앞날의 소망을 이야기했어요

겔 37장

단원 암송

그 날 후에 내가 이스라엘 집과 맺을 언약은 이러하니 곧 내가 나의 법을 그들의 속에 두며 그들의 마음에 기록하여 나는 그들의 하나님이 되고 그들은 내 백성이 될 것이라 여호와의 말씀이니라(렘 31:33).

성경의 초점

우리는 왜 하나님께 순종해야 하나요?
하나님이 우리를 사랑하시기 때문이에요.

본문 속으로

에스겔은 힘든 일을 맡았습니다. 하나님의 징벌을 받는 백성을 돌보는 일이었습니다. 유배를 간 남 유다 백성은 자신들의 상황을 온통 하나님 탓으로 돌렸습니다. 그들은 불공평하다고 주장했습니다(겔 18:25 참조).

에스겔은 유배 생활의 책임은 바로 그들에게 있다고 말했습니다. 그들이 하나님과의 언약을 어겨 하나님의 진노를 샀기 때문입니다. 그들은 응당 받을 벌을 받은 것이었습니다. 오히려 하나님은 "죽을 자가 죽는 것도 내가 기뻐하지 아니하노니 너희는 스스로 돌이키고 살지니라(겔 18:32)" 라고 말씀하셨습니다.

하나님은 에스겔에게 환상을 보여 주셨습니다. 환상에서 에스겔은 마른 뼈로 가득 찬 골짜기를 보았습니다. 마른 뼈들은 이스라엘을 나타냅니다. 하나님이 그 뼈들에 힘줄과 살과 피부를 더하실 것이라고 에스겔은 예언했습니다. 하나님이 마른 뼈에 숨을 불어 넣어 살아나게 하실 것이라고 말했습니다.

우리는 죄로 인해 죽은 사람들입니다(엡 2:1 참조). 죄는 우리와 하나님 사이를 갈라놓습니다. 하나님은 거룩하신 분이기 때문입니다. 우리는 하나님이 계신 곳에서 멀리 떨어져 있습니다. 하지만 하나님은 우리의 죽음을 기뻐하지 않으십니다. 하나님은 오래 참으시며, 우리가 회개하고 생명을 얻기를 원하십니다!

에스겔이 죽고 수백 년이 흐른 뒤, 하나님의 임재가 임마누엘이신 예수 그리스도를 통해 하나님의 백성을 찾아왔습니다. 임마누엘은 '우리와 함께하시는 하나님'이라는 뜻입니다. 예수님은 생명의 근원이십니다. 그분은 우리에게 생명의 물을 주십니다(요 4:10, 14 참조). 그 물을 마시지 않으면, 우리 안에는 마른 뼈들처럼 아무 생명이 없습니다.

●● 티칭 포인트

에스겔이 본 마른 뼈는 죄로 인해 죽은 우리를 상징한다는 것을 아이들이 알 수 있도록 도와주십시오. 도저히 살아날 수 없을 것 같은 마른 뼈가 살아나듯 하나님은 예수님을 통해 하나님의 백성을 다시 살리셨다는 것을 강조해 주십시오. 하나님은 은혜로 우리를 구원하십니다. 성령 하나님을 통해 우리를 그리스도와 함께 다시 살리십니다(엡 2:4~5 참조).

주 제

하나님은 하나님의 백성을 다시 고향으로 데려와 새 삶을 살게 하실 계획을 세우셨어요.

가스펠 링크

하나님은 에스겔에게 죽은 사람을 살리는 하나님의 능력을 보여 주셨어요. 하나님은 예수님을 죽은 자들 가운데서 살리셨고, 우리에게 영원한 생명을 주세요.

에스겔이 앞날의 소망을 이야기했어요 겔 37장

하나님은 바벨론 사람들이 남 유다를 차지하도록 허락하셨어요. 수많은 하나님의 백성이 노예로 잡혀갔어요. 에스겔 선지자도 바벨론에 있었어요. 하나님은 에스겔에게 앞날에 대한 환상을 보여 주셨어요.

환상 속에서 하나님은 오래되고 마른 뼈로 가득 찬 골짜기로 에스겔을 데려가셨어요. "이 뼈들이 살아날 수 있겠느냐?"라고 하나님이 에스겔에게 물으셨어요. 에스겔은 "하나님, 그 답은 오직 하나님만 아십니다"라고 대답했어요.

하나님이 말씀하셨어요. "나를 대신해 이 뼈들에게 말해라. '마른 뼈들아, 하나님의 말씀을 들어라! 내가 너희 안에 숨을 불어 넣어, 너희가 다시 살아나게 할 것이다. 그러면 너희는 살아나고, 내가 하나님인 줄 알 것이다.'"

에스겔이 하나님의 명령대로 말했어요. 그랬더니 갑자기 달그락거리는 소리가 나기 시작했어요. 뼈들이 서로 붙고 있었지요. 뼈가 서로 연결되고, 뼈 위에 힘줄과 살이 붙더니, 그 위에 피부가 덮였어요. 하지만 아직 숨을 쉬지는 않았어요.

하나님이 말씀하셨어요. "나 대신 말해라. '하나님의 말씀이다. 생기야, 사방에서 나와서 뼈에게 들어가 그들이 살아나게 하라!'" 에스겔이 하나님의 명령대로 말하자, 생기가 마른 뼈들에 들어갔어요. 뼈들은 살아났고 매우 큰 군대가 되어 에스겔 앞에 섰어요. 하나님은 에스겔에게 "이 뼈들은 이스라엘 백성이다"라고 말씀하셨어요.

이스라엘 백성은 슬펐어요. 그들은 고향을 떠나 낯선 땅에 살며 다른 나라의 왕을 섬겨야 했기 때문이에요. 하나님은 에스겔에게 백성을 향해 이렇게 말하라고 하셨어요. "하나님의 말씀이다. 내가 너희 안에 내 영을 줄 것이니 너희가 살아날 것이다. 그리고 너희를 너희의 땅 이스라엘에서 살게 할 것이다."

하나님은 에스겔에게 막대기 하나를 가져다가 그 위에 '유다와 그의 친구 이스라엘'이라고 쓰라고 하셨어요. 그리고 두 번째 막대기를 가져다가 그 위에 '에브라임의 막대기, 곧 요셉과 그의 친구인 모든 이스라엘 족속'이라고 쓰라고 하셨지요. 첫 번째 막대기는 남 유다를, 두 번째 막대기는 북 이스라엘을 나타내요. 하나님은 에스겔에게 두 막대기가 하나가 되도록 잡으라고 하셨어요. 그러고는 하나님의 백성이 다시 하나가 될 것이라고 말씀하셨어요. 새 왕이 나타나 그들을 다스리고 이끌 것이라고 말씀하셨어요. "내 백성은 내가 그들의 조상에게 준 땅에서 영원히 살 것이다."

하나님은 하나님의 백성과 평화의 언약을 맺겠다고 말씀하셨어요. "내가 그들과 함께하겠다. 나는 그들의 하나님이 되고, 그들은 내 백성이 될 것이다. 그러면 모든 사람이 내가 하나님인 줄 알게 될 것이다." 이 언약은 영원한 언약이 될 거예요.

●● 가스펠 링크

하나님은 에스겔에게 마른 뼈로 가득 찬 골짜기를 보여 주셨어요. 마른 뼈들은 죄를 지은 우리의 모습을 생각나게 해요. 하나님은 에스겔에게 죽은 사람을 살리는 하나님의 능력을 보여 주셨어요. 우리는 십자가에서 하나님의 능력을 보아요. 예수님은 죄인들을 구하려고 죽으셨어요. 하나님은 예수님을 죽은 자들 가운데서 살리신 것처럼, 우리에게 영원한 생명을 주세요.

가스펠 준비
(10~20분)

환영

도착하는 아이들을 반갑게 맞이하고 헌금, 출석, QT 등을 확인하며 격려한다. 새 친구가 있다면 소개한다. 편안한 분위기에서 안부를 물으며 오늘의 말씀과 관련된 화제로 이야기를 나눈다. 인체 해부도나 뼈와 관련해 경험한 일들이 있는지 물어본다. 자발적으로 대화에 참여하도록 이끈다.

예) "뼈가 부러져 깁스를 했던 적이 있나요?", "어쩌다 그런 일이 생겼나요?", "인체 해부도를 본 적이 있나요?", "사람 몸에는 몇 개의 뼈가 있을까요?" 등.

— 여러분의 경험을 이야기해 주어서 고마워요! 우리 뼈가 나을 수 있도록 도와줄 의사 선생님이 계셔서 참 다행이군요. 오늘 듣게 될 성경 이야기는 에스겔 선지자가 본 환상에 관한 것이에요. 에스겔은 하나님이 마른 뼈를 살리시는 환상을 보았어요!

마음 열기

색깔별로 모여라! *

준비물 5가지 색깔의 구슬 또는 단추 여러 개, 책상 2개, 투명 컵 10개, 스톱워치

① 각 책상 위에 컵 5개를 한 줄로 놓고, 그 앞에 5가지 색깔의 구슬들을 섞어서 둔다.
② 아이들을 두 팀으로 나누고, 한 명씩 책상 앞으로 나오라고 한다.
③ 인도자가 "시작!"이라고 외치면, 30초 동안 구슬을 색깔별로 컵에 담으라고 한다.
④ 제한 시간 안에 더 많은 구슬을 컵에 담는 팀이 승리한다.
⑤ 모든 아이가 구슬 담기를 할 때까지 놀이를 반복한다.

— 모두 잘했어요! 이 놀이를 하며 구슬을 색깔별로 모았어요. 오늘 성경 이야기는 이와 비슷해요. 하나님이 에스겔 선지자를 통해 하나님의 백성을 한 곳에 모으시겠다고 약속하셨어요. 이제 성경 이야기를 들을 준비가 되었나요?

살아나라 풍선아! *

준비물 다양한 모양과 크기의 풍선, 접착테이프

① 아이들을 3~4명씩 묶어 팀을 이루게 한다.
② 각 팀에게 다양한 풍선들을 이용해 사람 모양을 만들어 보라고 한다.
③ 만들어진 풍선을 전시하고, 함께 감상한다.

— 여러분이 이 풍선들을 살아나게 했어요! 오늘 우리가 들을 성경 이야기는 에스겔 선지자가 환상을 본 이야기예요. 하나님이 마른 뼈들에 숨을 불어넣어 살아나게 만드셨어요! 정말 놀라워요!

가스펠 **설교**
(15~30분)

들어가기

준비물 **경비원 복장**(검정 바지, 파란색 또는 흰색 셔츠), **경비원 배지, 손전등, 열쇠 꾸러미**

경비원 복장을 하고, 가슴에는 배지를 달고 등장한다. 열쇠 꾸러미와 손전등을 들고 예배실을 조심스럽게 살피며 들어온다. 아이들을 보고 안도의 숨을 내쉰다.

어, 여러분! 이렇게 반가울 수가! 휴. 이마의 땀을 닦으며 무대 밖을 흘깃 본다. 제가 과연 저 방을 무사히 빠져나올 수 있을지 걱정했거든요! 성경 전시회의 구약성경 구역을 지나고 있는데, 갑자기 이상한 소리가 들리는 거예요. 달그락, 달그락, 이런 소리가요! 그래서 제가 조심조심 '이스라엘 포로 생활관'으로 들어갔지요. 세상에! 제가 뭘 봤는지 아세요? 진열되어 있던 오래된 뼈들이 막 돌아다니는 거예요! 너무 놀라서 부리나케 빠져나왔지요. 그런데 알고 보니 그것은 에스겔의 이야기를 이해하기 쉽게 만들어 놓은 새로운 전시였어요. 과연 어떤 전시인지 궁금하죠? 함께 알아볼까요?

연대표

하나님이 예레미야를 부르셨어요

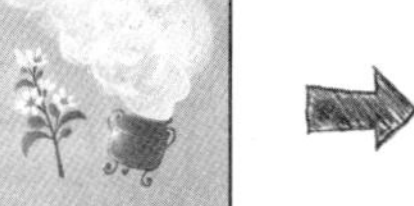

예레미야가 새 언약에 대해 예언했어요

남 유다 백성이 포로로 잡혀갔어요

에스겔이 앞날의 소망을 이야기 했어요

연대표를 보며 지난 성경 이야기들을 간단하게 복습한다.

지난 3주간 우리는 예레미야 선지자와 그가 전한 하나님의 말씀에 대해 배웠어요. 기억하세요, 남 유다 백성은 하나님께 불순종했어요. 그래서 하나님은 그들의 죄 때문에 포로가 되게 하셨지요. 오늘의 성경 이야기를 가리킨다. 오늘 성경 이야기의 제목은 "에스겔이 앞날의 소망에 관해 이야기했어요"예요. 에스겔도 선지자 중 한 명이었어요. 하나님은 에스겔에게 앞으로 일어날 일을 환상으로 보여 주셨어요. 우와! 멋지지요?

성경의 초점

성경 이야기를 시작하기 전에, '성경의 초점' 질문과 답을 복습해 볼까요? 하나님의 백성은 하나님께 불순종했기 때문에 포로로 잡혀갔어요. 하나님의 은혜는 우리가 무슨 큰일을 한다고 얻어낼 수 있는 것이 아니라는 사실을 우리는 잘 알고 있어요. 그렇다면 **우리는 왜 하나님께 순종해야 하나요? 하나님이 우리를 사랑하시기 때문이에요.**

오늘의 성경 이야기는 우리를 위한 하나님의 약속을 생각나게 해 주어요. 우리가 하나님께 순종하는 것은 **하나님이 우리를 사랑하시기 때문이에요.**

성경 이야기

DVD 에스겔 37장을 펴고, 설교 영상(지도자용 팩)을 보여 주거나 이야기 성경을 들려준다.

하나님이 백성에게 전하고 싶었던 말씀을 에스겔에게 알려 주시는 방법이 놀랍지 않나요? 하나님의 뜻은 분명했어요. **하나님은 하나님의 백성을 다시 고향으로 데려와 새 삶을 살게 하실 계획을 세우셨어요.**

하나님이 에스겔을 통해 하나님의 백성에게 무슨 말씀을 하셨는지 확실하게 이해하기 위해 함께 복습해 볼까요?

복/습/질/문

1. 에스겔이 환상에서 본 골짜기에는 무엇이 가득 차 있었나요?
   뼈들로 가득 차 있었다 (겔 37:1)
2. 하나님은 에스겔에게 뼈들과 관련해 뭐라고 질문하셨나요?
   하나님은 에스겔에게 이 뼈들이 살아날 수 있겠냐고 물으셨다 (겔 37:3)
3. 에스겔은 하나님의 질문에 뭐라고 대답했나요?
   하나님이 아신다고 대답했다 (겔 37:3)

4 에스겔이 뼈들에게 하나님의 말씀을 대신 말했을 때 어떤 일이 일어났나요?
뼈가 서로 연결되고, 뼈에 힘줄과 살과 피부가 생겼다 (겔 37:7~8)

5 하지만 뼈 안에는 무엇이 없었나요?
생기 (겔 37:8)

6 무엇이 뼈들을 살아나게 했나요?
에스겔이 생기를 향하여 뼈들에게 들어가라고 하나님 대신 명령하자 뼈들이 살아났다 (겔 37:9~10)

7 하나님은 그 뼈들이 누구와 같다고 하셨나요?
이스라엘 백성과 같다고 하셨다 (겔 37:11)

8 하나님이 에스겔에게 보여 주신 두 번째 환상에는 무엇이 있었나요? 막대기 2개 (겔 37:16)

9 에스겔은 막대기 위에 각각 무엇이라고 썼나요?
'유다와 그의 짝 이스라엘 자손', '에브라임의 막대기 곧 요셉과 그의 짝 이스라엘 온 족속' (겔 37:16)

10 두 막대기를 하나로 연결한 것은 무엇을 의미하나요?
나누어졌던 하나님의 백성이 하나의 나라를 이루리라는 것을 의미한다 (겔 37:21~22)

하나님은 하나님의 능력으로 마르고 죽어 있는 뼈들을 살리셨어요. 마른 뼈들은 꼭 죄를 지은 우리의 모습 같아요. 예수님을 떠난 우리는 죄 가운데서 죽어 있는 것과 같아요. 하나님은 에스겔에게 죽은 자를 다시 살리시는 하나님의 능력을 보여 주셨어요.
우리는 십자가에서 하나님의 능력을 보아요. 예수님은 죄인들을 살리기 위해 죽으셨어요. 하나님은 예수님을 죽은 자들 가운데서 다시 살리신 것처럼, 우리에게 영원한 생명을 주세요.

복음 초청

성경과 105쪽 복음 초청 가이드를 이용해서 아이들에게 그리스도인이 되는 법을 설명해 준다. 따로 상담해 줄 사람을 정해 주고 궁금한 점이 있으면 물어보도록 격려한다.
이 시간 예수님을 마음에 모시고 싶은 친구는 함께 기도해요.

기도

사랑하는 하나님, 오직 하나님만 마르고 죽은 뼈들을 살리실 수 있습니다. 마른 뼈들을 보면 죄를 지은 우리의 모습이 떠올라요. 그런 우리를 위해 예수님을 보내 주셔서 감사합니다. 예수님이 우리를 대신해 죽으시고 다시 살아나셔서, 이제 우리는 하나님이 주시는 새 생명으로 살 수 있게 되었어요. 하나님의 크신 사랑과 은혜에 날마다 감사할 수 있도록 우리를 인도해 주세요. 예수님의 이름으로 기도합니다. 아멘.

적용

TIP 설교 도입이나 적용으로 활용하거나 영상을 본 뒤 소그룹으로 나누어 풍성한 대화를 이어 갈 수 있습니다.

퀴즈를 풀 준비가 됐나요? 걱정하지 마세요. 쉬운 거예요. 다음 영상을 함께 보아요.
DVD 적용 예화 영상(지도자용 팩)을 보여 준다.
살아 있는지 아닌지 어떻게 알 수 있나요? 사실은 죽어 있는데 살아 있는 것처럼 보일 수 있을까요? 아이들의 대답을 기다린다. 하나님은 하나님의 백성을 변화시키겠다고 약속하셨어요. **하나님은 하나님의 백성을 다시 고향으로 데려와 새 삶을 살게 하실 계획을 세우셨어요.**
예수님을 떠난 우리는 죄 가운데 죽어 있는 것과 같아요. 예수님을 믿고 의지할 때, 하나님은 우리에게 새 생명을 주세요. 마치 마른 뼈들이 살아난 것처럼 말이에요. 우리는 이 좋은 소식을 다른 사람에게도 전해야 해요!

나침반

말씀 조각 맞추기

준비물 3단원 암송(129쪽), '암송 뼈다귀'(135쪽 또는 지도자용 팩)

① '암송 뼈다귀'를 미리 출력해 잘라 둔다.

② 아이들에게 3단원 암송 구절을 보여 주고, 외워 보라고 한다.

③ 아이들을 3~4명씩 묶어 팀을 나누고, 각 팀에 '암송 뼈다귀'를 나누어 준다.

④ 팀별로 암송 구절을 순서에 맞게 정리해 보라고 한다.

우리는 오늘의 성경 이야기를 통해 오직 하나님만이 우리에게 새 생명을 주실 수 있다는 것을 배웠어요. 하나님은 마르고 죽은 뼈들도 살리세요. 그리고 하나님을 거역하는 우리의 마음에 새 언약을 새겨주시고 죄인인 우리를 하나님의 백성이라고 불러주신답니다!

보물 지도

에스겔 이야기

준비물 전지, 색연필 또는 사인펜, 성경

① 아이들을 같은 성별로 3~4명씩 묶어 팀을 나누고, 각 팀에 전지를 한 장씩 나누어 준다.

② 각 팀에서 한 명씩 전지 위에 누우라고 한다. 나머지 아이들은 누운 아이의 가장자리를 따라 전지 위에 선을 그리라고 한다.

③ 선 안에 뼈를 그려 넣고, 그림 위에 오늘의 성경 이야기 주제를 적으라고 한다.

④ 아이들에게 성경에서 에스겔 37장을 찾으라고 한다.

⑤ 인도자가 아래의 문장들을 읽으면, 그것이 참인지 거짓인지 답해 보라고 한다.

1 하나님은 니느웨 사람들이 남 유다를 점령하도록 내버려 두셨어요. 거짓, 바벨론 사람들 (대하 36:20)

2 하나님은 오래되고 마른 막대기가 가득한 골짜기로 에스겔을 데려가셨어요. 거짓, 뼈들로 가득한 골짜기 (겔 37:1)

3 하나님은 에스겔에게 뼈들을 향해 말하라고 하셨어요. 에스겔이 말씀대로 했지만, 아무 일도 일어나지 않았어요.
거짓, 뼈들이 서로 연결되기 시작했다 (겔 37:7)

4 하나님은 에스겔에게 막대기 2개를 하나의 막대기가 되도록 합하여 한 손으로 잡으라고 말씀하셨어요. 참 (겔 37:16~17)

5 하나님은 하나님의 백성이 하나의 나라가 될 것이라고 말씀하셨어요. 참 (겔 37:19)

6 우리는 하나님이 우리를 더 사랑하시게 하려고 하나님께 순종해요. 거짓, 우리가 하나님께 순종하는 것은 **하나님이 우리를 사랑하시기 때문이에요.**

7 **하나님은 하나님의 백성을 다시 고향으로 데려와 새 삶을 살게 하실 계획을 세우셨어요.** 참 (겔 37:21)

오늘의 성경 이야기를 통해 우리는 많은 것을 배웠어요. 하나님의 백성은 죄를 지었지만, **하나님은 하나님의 백성을 다시 고향으로 데려와 새 삶을 살게 하실 계획을 세우셨어요** 에스겔의 환상에 나오는 뼈들은 죄를 지은 우리의 모습과 같아요. 죄는 우리를 하나님에게서 멀어지게 해요. 죄는 우리를 영원한 죽음으로 이끌어요. 하지만 하나님은 예수님을 통해 사람들을 죄에서 구원하세요. 구원자이신 예수님을 믿고 의지하면, 하나님은 우리에게 새로운 생명을 주세요.

탐험하기

환상의 짝짓기

준비물 학생용 교재 52쪽, 연필

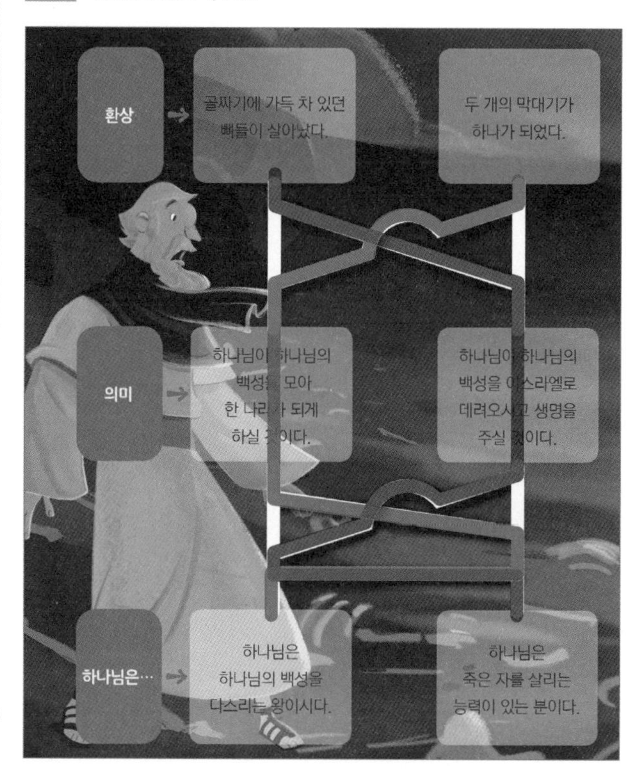

① 아이들과 오늘의 성경 이야기를 간단하게 복습한다.

② 에스겔이 본 환상과 그 의미, 그리고 그 환상이 보여 주는 하나님에 관한 내용을 알맞게 연결해 보라고 한다.

── 에스겔이 본 환상은 단순히 신비한 체험이 아니었어요. 하나님은 환상을 통해 흩어진 하나님의 백성을 다시 모아 새 생명을 주실 것이라고 예언하셨어요. 그리고 하나님의 능력과 계획, 하나님이 어떤 분이신지를 백성에게 알려 주셨어요. 하나님은 하나님을 떠나 죽을 수밖에 없는 우리에게 예수님을 통해 새 생명을 주세요.

마른 뼈를 모아 모아

준비물 학생용 교재 53쪽, 색연필

① 아이들에게 각 뼈에 쓰인 숫자에 해당하는 색으로 그림을 칠해 보라고 한다.

② 뼈 그림 안에 숨겨진 하나님의 메시지를 찾아보라고 한다.

── 하나님은 하나님의 백성을 다시 하나님께로 이끄는 능력을 보여 주겠다고 말씀하셨어요. 오늘날 우리는 하나님의 능력을 어디에서 볼 수 있나요? 아이들의 대답을 기다린다. 맞아요, 바로 예수님이 달리신 십자가에서 볼 수 있어요. 하나님은 십자가에서 죽으신 예수님을 다시 살리신 것처럼, 예수님을 통해 우리에게 영원한 생명을 주세요.

막대기 연결하기 *

준비물 공작용 나무 막대(인원수만큼)

① 막대에 3단원 암송 구절을 세 부분으로 나누어 각각 써 둔다.

② 아이당 암송 구절 막대를 한 개씩 나누어 준다. 아이들이 막대에 쓰인 구절을 확인하지 못하게 한다.

③ 찬양을 부르다가 인도자가 신호하면 무작위로 셋씩 모인다.

④ 인도자가 '하나, 둘, 셋!' 하고 외치면 들고 있는 막대를 보게 한다.

⑤ 세 친구가 모두 다른 막대를 뽑으면, 막대를 순서에 맞게 연결하고 자리에 앉는다.

⑥ 나머지 아이들이 짝을 맞출 때까지 게임을 반복한다.

── 막대기 2개가 연결되는 것처럼 에스겔이 본 환상에서는 마른 뼈들이 서로 연결되었어요. 이 환상이 무슨 뜻이었는지 기억하나요? (하나님은 하나님의 백성이 하나의 나라가 될 것이라고 말씀하셨다.) **하나님은 하나님의 백성을 다시 고향으로 데려와 새 삶을 살게 하실 계획을 세우셨어요.**

보물 상자

나만의 기록장

준비물 학생용 교재 54쪽, 연필이나 색연필

아이들에게 예수님을 믿기 전의 마음은 어떤 모습일지 물어보고, 그림이나 글로 표현해 보라고 한다.

메시지 카드

이번 주 메시지 카드로 부모님과 함께 오늘 배운 성경 이야기를 나누어 보라고 한다.

기도

하나님, 우리에게 미래에 대한 소망을 주셔서 감사합니다. 때로는 에스겔의 환상에 나온 마른 뼈와 같이 우리에게 희망이 없는 것처럼 느껴질 때가 있어요. 하지만 우리를 위해 십자가에서 보혈을 흘리신 예수님을 통해 우리는 새로운 생명으로 다시 살아났음을 기억합니다. 날마다 하나님이 주신 그 생명을 기뻐하며 누릴 수 있도록 인도해 주세요. 예수님의 이름으로 기도합니다. 아멘.

하나님 외에 다른 신이 있나요?

오직 하나님 한 분만이
우리의 예배를 받으실 참 신이세요.

하나님은 어떤 분이신가요?

하나님은 노하기를 더디하시고
사랑과 긍휼이 풍성하신 분이세요.

우리는 왜 하나님께 순종해야 하나요?

하나님이 우리를
사랑하시기 때문이에요.

옛적에 선지자들을 통하여

여러 부분과 여러 모양으로

우리 조상들에게 말씀하신 하나님이

이 모든 날 마지막에는 아들을 통하여

우리에게 말씀하셨으니

히브리서 1장 1~2 상반절

너희는 옷을 찢지 말고 마음을 찢고
너희 하나님 여호와께로 돌아올지어다
그는 은혜로우시며 자비로우시며
노하기를 더디하시며 인애가 크시사
뜻을 돌이켜 재앙을 내리지 아니하시나니

요엘 2장 13절

그 날 후에 내가 이스라엘 집과 맺을
언약은 이러하니 곧 내가 나의 법을
그들의 속에 두며 그들의 마음에 기록하여
나는 그들의 하나님이 되고
그들은 내 백성이 될 것이라
여호와의 말씀이니라

예레미야 31장 33절

칼럼

어린이 사역: 교육과 행정, 두 개의 은사 하나의 사명

사람들은 흔히 주일학교라고 하면 알록달록한 매트 위에 둥그렇게 앉아 귀를 쫑긋 세우고 있는 아이들에게 웃음 띤 얼굴로 성경 이야기를 들려주는 선생님의 모습을 떠올립니다. 혹은 아이들이 좋아할 만한 주제로 밝게 꾸민 무대 위에서 환한 조명을 받으며 열정적으로 성경의 진리를 쏟아내는 설교자를 떠올리는 사람도 있을 것입니다. 이처럼 주일학교 사역자는 주로 성경 개념을 아이들에게 잘 전달하는 재능을 가진 선생님으로 생각합니다.

대부분의 주일학교 사역자는 교사와 같이 가르치는 은사를 가진 사람들입니다. 그러나 주일학교를 섬겨 본 사람이라면 아이들을 가르치는 시간은 사역에서 작은 부분에 불과하다는 것을 알고 있습니다. 주일학교 전임 사역자들이 일주일의 시간을 어떻게 사용하는지를 살펴보면 아이들과 직접 만나 함께하는 시간은 고작 10%도 되지 않는다는 사실을 발견하게 될 것입니다. 나머지 90%는 혼자, 사무실에서, 책상에 앉아, 전화하거나 컴퓨터를 하며, 행정이라고 불릴 만한 일을 하는데 시간을 쓰고 있습니다. 이런 일에는 전략적인 계획 수립, 예산 기획과 집행, 봉사자 모집, 교육 정책 검토, 교사회 운영, 교육과정 점검과 선택, 그리고 예배 준비 등이 있습니다. 하지만 많은 사람이 이런 일들을 지루하고 소모적이며 성취감도 주지 못하는, 그러나 어쩔 수 없이 해야 하는 일로 여깁니다. 이렇게 그다지 매력적이지 않아 보이는 일을 하는 데에는 가르치는 은사와는 다른 종류의 은사가 필요합니다.

바울은 고린도전서 12장에서 하나님이 효과적인 사역을 위해 하나님의 백성에게 각자 다른 은사들을 주신다고 말합니다. 치유의 은사, 복음 전파의 은사를 비롯해 그가 나열한 일련의 은사 목록에는 가르치는 은사와 다스리는 은사도 포함되어 있습니다. 두 은사 모두 하나님이 주시는 것이기에 이 모두 사역을 해 나가는 데 중요합니다. 그럼에도 우리는 교회 행정이나 그 밖의 행정적인 일들을 처리하는 것이 사역의 핵심적인 요소가 되고 있다는 점을 너무나 쉽게 간과합니다.

행정이란 업무 또는 조직을 관리하는 일입니다. 여기에는 지시하고 감독하는 일도 포함됩니다. 조직의 관점에서 보았을 때 행정은 리더십입니다. 사역자들은 행정을 통해 사역을 수행합니다. 그러므로 주일학교 사역자가 되려면 소통에 재능이 있어야 하며, 또한 행정도 잘 해야 합니다. 말하자면 좋은 사역자는 체계적이고, 전략적인 사고를 하며, 비전을 제시할 줄 알고, 방향성을 가지고 나아가며, 팀에 필요한 것들을 갖출 줄 알아야 한다는 뜻입니다.

그저 아이들과 어울리는 것이 좋아서 주일학교를 섬기기 시작한 사람들은 그 일에 따르는 행정적인 일 때문에 어려움을 겪습니다. 비단 이 글을 읽고 있는 여러분만 그런 것이 아닙니다. 하지만 여러분이 행정적인 은사가 없다고 믿으며 그 일에서 손을 떼기 전에, 영적인 은사는 하나님이 자산으로 주신 것이지 변명하라고 주신 것이 아니라는 점을 기억하시기 바랍니다. 복음 전파의 은사를 가진 사람이 복음을 전할 때 놀라운 결과가 나타나는 것은 사실입니다. 하지만 복음 전파의 '은사'를 가지고 있든 그렇지 않든, 그리스도인이라면 누구나 그리스도에 관한 좋은 소식을 전하도록 부름을 받았습니다.

마찬가지로 사역을 직업으로 하는 사람이라면 누구나 어느 정도의 행정을 감당해야 할 책임이 있습니다. 그렇다면 행정 때문에 어려움을 겪고 있는 사람들은 어떻게 해야 할까요? 여러분의 기운을 북돋을 몇 가지 조언을 준비했습니다.

-다음 장에 계속-

1. 피하지 말고 일단 시작하십시오.

'재미없는' 어려운 과제를 맞닥뜨릴 때 범하기 쉬운 가장 큰 실수는 그 과제를 완전히 회피하는 것입니다. 중요한 문제를 해결하지 않고 내버려 두면 시간이 흐르면서 점점 더 커지기 마련입니다. 단기적으로는 그 일을 해야 하는 어려움을 피함으로써 여러분이 문제에서 벗어났다고 느낄지 모릅니다. 하지만 일을 미루다가 더 많은 스트레스를 받게 되고, 장기적으로는 여러분의 사역에도 큰 지장이 생기게 될 것입니다. 그동안 미루어 두었던 행정 업무가 있다면 지금 당장 해치우십시오. 지출 보고서 작성이나 주일학교 정책 수정을 미루고 있다면 지금 즉시 작업을 시작하십시오. 바로 지금이 시작하기 가장 좋을 때입니다.

2. 조금씩 해 나가십시오.

처리할 서류가 하나둘 쌓이다 보면 그것을 모두 처리하는 것이 불가능해 보입니다. 한 번에 다 끝내야 한다는 생각에 사로잡혀 지레 포기하지 마십시오. 우선순위를 정한 뒤 오늘 끝낼 수 있는 일부터 하나씩 시작하면 됩니다.

재정 전문가 데이브 램지는 빚을 없애기 위해서는 큰 빚을 한 번에 하나씩 공략하라고 가르쳐 줍니다. 하나를 다 갚은 후 다음 빚을 갚아 나가는 것입니다. 물론 모든 일을 다 하려면 어느 정도는 동시에 여러 개의 작업을 수행하는 일이 필요합니다. 하지만 어느 하나에도 집중하지 못한다면 아무것도 끝낼 수 없습니다. 해야 할 일들을 우선순위에 따라 열거하고, 한 번에 하나씩 처리해 나가십시오. 해야 할 일들이 목록에서 하나씩 지워질 때마다 행정이라는 돛에 순풍이 불기 시작할 것입니다.

3. 열심히 하십시오.

하나님이 여러분에게 소명을 주셨다고 해서 사역이 쉬울 것이라 생각하면 큰 오산입니다. 성경은 사역이 일이라고 분명히 말합니다. 에베소서 4장 12절은 하나님이 은사를 주신 것은 "성도를 온전하게 하여 봉사의 일을 하게 하며 그리스도의 몸을 세우려 하심"이라고 말합니다. 그리고 디모데후서 2장 15절은 우리에게 "부끄러울 것이 없는 일꾼으로 인정된 자"가 되라고 말합니다.

하나님께 받은 은사 안에서 섬기는 일은 큰 만족과 활력을 주지만, 한편으로는 고된 노력이 필요합니다. 우리는 어떻게든 그 일을 해내야 합니다. 일이 힘들면 더 열심히 해야 합니다. 그리고 부르심에 합당하게 일하기 위해 하나님이 필요한 지혜와 인내를 주실 것을 신뢰해야 합니다.

4. 동역자를 찾으십시오.

주일학교는 함께하는 사역이라는 사실을 잊지 마시길 바랍니다. 혼자서는 결코 할 수 없습니다. 여러분에게 어떤 은사가 없다고 그 은사를 전혀 사용할 수 없다는 것은 아닙니다. 주일학교를 위한 팀을 구성할 때, 여러분의 은사를 보완해 줄 사람과 함께 하는 것이 지혜로운 방법입니다. 모든 일을 혼자 하려고 하지 마십시오. 결국에는 지쳐 나가떨어지고 맙니다. 믿을만하고 자격과 은사를 갖춘 사람을 모아, 여러분의 감독 아래에서 여러분이 취약한 영역을 감당해 나가도록 권한을 주십시오.

가르치는 은사와 행정의 은사는 서로 다르고 구별되지만, 가르치는 일과 행정은 무엇 하나 사역에 없어서는 안 될 중요한 요소입니다. 간단하게 말해 행정이란 소유, 관리, 지도입니다. 이런 관점으로 접근하면 생각했던 것보다 여러분 자신이 행정을 더 잘하고 있다는 사실을 발견하게 될 것입니다. 또한 약간의 전략만 더한다면 행정도 얼마든지 재미있고 성취감을 주는 사역의 일부라는 것을 경험하게 될 것입니다.

척 피터스(Chuck Peters)는 LifeWay Kids의 기획·관리부 디렉터입니다.
중고등, 어린이 부서에서 섬기고 있습니다.

가스펠 프로젝트 구약 커리큘럼

1권 위대한 시작 (창)	2권 하나님의 구출 계획 (출, 레, 신)	3권 약속의 땅 (민, 수, 삿, 룻, 삼상)	4권 왕국의 성립 (삼상, 삼하, 왕상, 욥, 잠, 전, 시)	5권 선지자와 왕 (왕상, 왕하, 사, 호, 욘, 욜, 렘, 대하, 겔)	6권 돌아온 하나님의 백성 (단, 스, 에, 느, 말)
1단원 창조의 하나님	**1단원 구출하시는 하나님**	**1단원 구원의 하나님**	**1단원 왕이신 하나님**	**1단원 계시하시는 하나님**	**1단원 보호하시는 하나님**
1. 하나님이 세상을 창조하셨어요 2. 하나님이 사람을 창조하셨어요 3. 죄가 세상에 들어왔어요 4. 가인과 아벨이 제물을 드렸어요 5. 하나님이 노아와 가족을 구해 주셨어요 6. 바벨탑을 쌓던 사람들이 흩어졌어요	1. 모세를 부르셨어요 2. 이스라엘 백성은 재앙을 피했어요 3. 홍해를 건넜어요 4. 광야에서 시험을 치렀어요 5. 금송아지를 만들었어요	1. 약속의 땅을 정탐했어요 2. 놋뱀을 바라보았어요 3. 하나님이 여리고 성을 주셨어요 4. 죄 때문에 아이 성 전투에서 졌어요 5. 여호수아가 당부했어요	1. 이스라엘이 왕을 달라고 했어요 2. 하나님이 사울을 버리셨어요 3. 다윗이 골리앗과 맞섰어요 4. 다윗과 요나단이 친구가 되었어요 5. 하나님이 다윗과 언약을 맺으셨어요 6. 다윗이 하나님께 죄를 지었어요	1. 엘리야가 악한 아합을 꾸짖었어요 2. 엘리야가 이세벨을 피해 도망쳤어요 3. 하나님이 나아만을 고쳐 주셨어요 4. 하나님이 이사야를 부르셨어요 5. 이사야가 메시아에 대해 외쳤어요 6. 히스기야는 남 유다의 신실한 왕이었어요	1. 다니엘과 친구들이 하나님께 순종했어요 2. 사드락, 메삭, 아벳느고를 구하셨어요 3. 다니엘을 구하셨어요 4. 하나님의 백성을 고향으로 데려오셨어요 5. 성전을 다시 지었어요
2단원 언약을 맺으시는 하나님	**2단원 거룩하신 하나님**	**2단원 다스리시는 하나님**	**2단원 지혜의 하나님**	**2단원 포기하지 않으시는 하나님**	**2단원 공급하시는 하나님**
7. 하나님이 아브라함과 언약을 맺으셨어요 8. 하나님이 아브라함을 시험하셨어요 9. 하나님이 다시 약속하셨어요	6. 십계명 "하나님을 사랑하라" 7. 십계명 "이웃을 사랑하라" 8. 성막을 지었어요 9. 하나님이 제사의 규칙을 정해 주셨어요 10. 오직 하나님만 예배해요 11. 하나님의 언약을 기억해요	6. 사사들이 이스라엘 백성을 이끌었어요 7. 드보라와 바락이 노래했어요 8. 겁쟁이 기드온이 용사가 되었어요 9. 삼손에게 다시 힘을 주셨어요 10. 룻과 나오미를 보살펴 주셨어요 11. 하나님이 사무엘에게 말씀하셨어요	7. 솔로몬이 지혜를 구했어요 8. 지혜는 하나님께로부터 와요 9. 솔로몬이 성전을 지었어요 10. 이스라엘이 둘로 나뉘었어요	7. 하나님이 호세아를 통해 북 이스라엘에 사랑을 전하셨어요 8. 하나님이 요나를 통해 니느웨에 사랑을 전하셨어요 9. 하나님이 요엘을 통해 남 유다에 사랑을 전하셨어요	6. 에스더를 왕비로 세우셨어요 7. 에스더를 통해 하나님의 백성을 구하셨어요 8. 느헤미야가 예루살렘의 소식을 들었어요 9. 예루살렘 성벽을 다시 세웠어요 10. 에스라가 하나님의 율법을 읽었어요 11. 말라기가 하나님의 말씀을 전했어요
3단원 언약을 지키시는 하나님			**3단원 주권자이신 하나님**	**3단원 새롭게 하시는 하나님**	※ 성탄과 부활
10. 야곱이 복을 가로챘어요 11. 하나님이 야곱에게 새 이름을 주셨어요 12. 요셉이 이집트로 팔려 갔어요 13. 요셉의 꿈이 이루어졌어요			11. 솔로몬이 산다는 것에 대해 생각했어요 12. 욥이 고난을 받았어요 13. 하나님을 찬양해요	10. 하나님이 예레미야를 부르셨어요 11. 예레미야가 새 언약에 대해 예언했어요 12. 남 유다 백성이 포로로 잡혀갔어요 13. 에스겔이 앞날의 소망을 이야기했어요	**성탄절** 1. 왕을 기다려요 2. 천사가 마리아와 요셉에게 나타났어요 3. 예수님이 태어나셨어요 4. 동방 박사들이 왕께 경배했어요 **부활절** 1. 예수님이 예루살렘에 들어가셨어요 2.예수님이 부활하셨어요

구약5 성경의 초점과 주제

1단원 계시하시는 하나님

Q 하나님 외에 다른 신이 있나요?

A 오직 하나님 한 분만이 우리의 예배를 받으실 참 신이세요.

1. 유일하신 참 하나님이 바알의 선지자들 앞에서 자신을 나타내셨어요.
2. 하나님은 엘리야에게 부드럽고 조용한 소리로 자신을 드러내셨어요.
3. 하나님이 엘리사를 통해 나아만의 병을 고쳐 주셨어요.
4. 이사야가 영광 중에 계신 거룩하신 하나님을 보았어요.
5. 하나님은 이사야를 통해 메시아가 고난받는 종이 될 것이라고 말씀하셨어요.
6. 하나님이 히스기야의 기도에 응답하셨어요.

2단원 포기하지 않으시는 하나님

Q 하나님은 어떤 분인가요?

A 하나님은 노하기를 더디하시고 사랑과 긍휼이 풍성하신 분이세요.

7. 하나님은 사랑받을 자격이 없는 사람도 사랑하세요.
8. 하나님이 니느웨 사람들을 불쌍히 여기셨어요.
9. 하나님은 하나님의 백성에게 여호와의 날이 이르기 전에 회개하라고 경고하셨어요.

3단원 새롭게 하시는 하나님

Q 우리는 왜 하나님께 순종해야 하나요?

A 하나님이 우리를 사랑하시기 때문이에요.

10. 하나님이 하나님의 말씀을 전하는 선지자로 예레미야를 택하셨어요.
11. 하나님은 예레미야에게 새 언약에 대해 선포하라고 하셨어요.
12. 남 유다의 죄 때문에 하나님은 그들을 바벨론의 포로가 되어 쫓겨나게 하셨어요.
13. 하나님은 하나님의 백성을 다시 고향으로 데려와 새 삶을 살게 하실 계획을 세우셨어요.

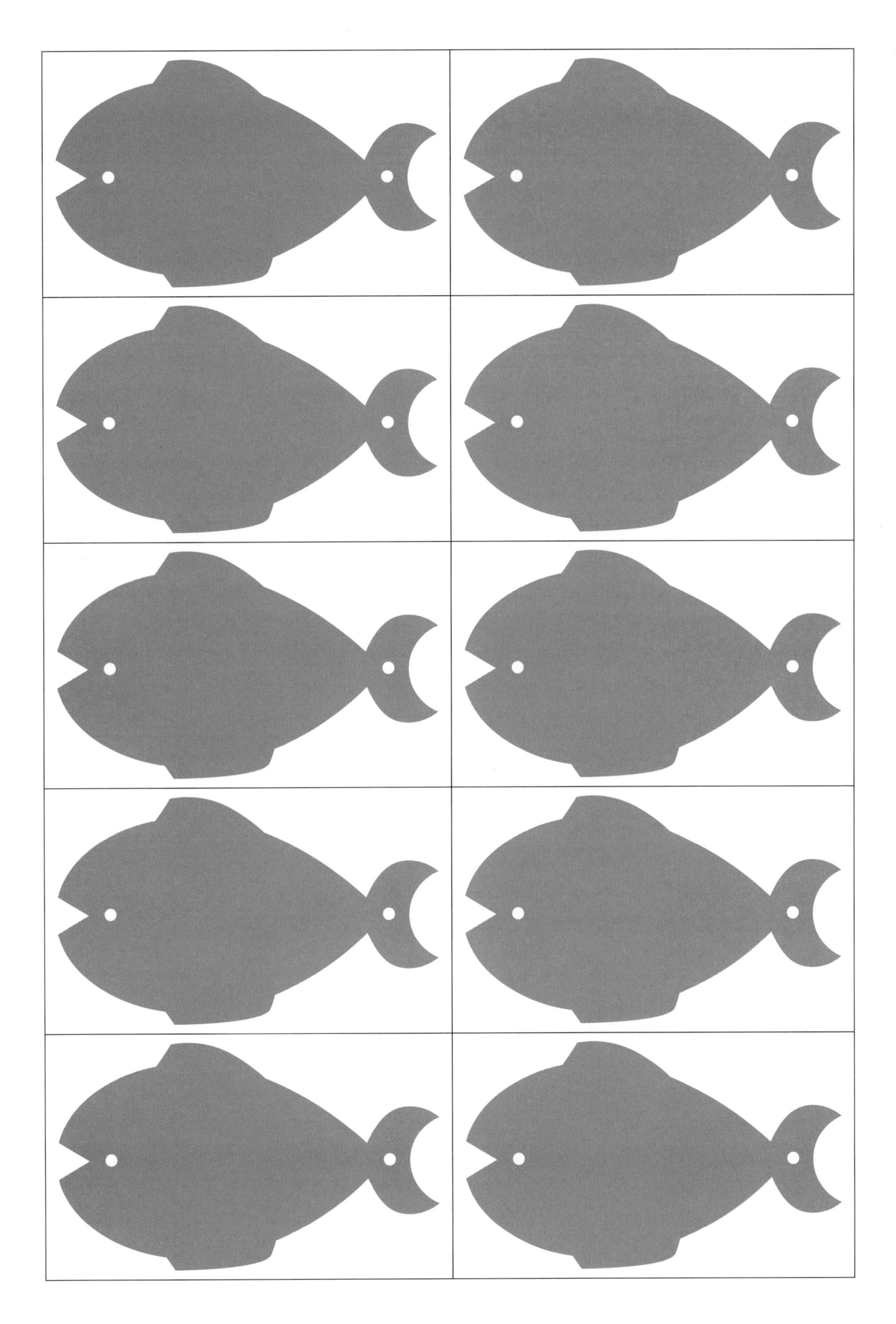

그 날 후에
곧 내가 나의 법을
내가 이스라엘 집과
그들의 속에 두며
맺을 언약은 이러하니
그들의 마음에 기록하여
나는 그들의 하나님이 되고
여호와의 말씀이니라
그들은 내 백성이 될 것이라
(렘 31:33).